CONGRÈS INTERNATIONAL SPIRITE

DE BARCELONE, 1888

REPRÉSENTATIONS,
ADHÉSIONS, SÉANCES PUBLIQUES ET PRIVÉES,
CONCLUSIONS, DOCUMENTS, ETC.

RÉSUMÉ PUBLIÉ SOUS LA DIRECTION DU
PRÉSIDENT DE LA COMMISSION PERMANENTE

Édition française.

PARIS
LIBRAIRIE DES SCIENCES PSYCHOLOGIQUES
1, RUE DE CHABANAIS, 1

1889
Droits réservés.

CONGRÈS INTERNATIONAL SPIRITE

DE BARCELONE, 1888

CONGRÈS INTERNATIONAL SPIRITE

DE BARCELONE, 1888

REPRÉSENTATIONS,
ADHÉSIONS, SÉANCES PUBLIQUES ET PRIVÉES,
CONCLUSIONS, DOCUMENTS, ETC.

RÉSUMÉ PUBLIÉ SOUS LA DIRECTION DU
PRÉSIDENT DE LA COMMISSION PERMANENTE

Édition française.

PARIS
LIBRAIRIE DES SCIENCES PSYCHOLOGIQUES
1, RUE DE CHABANAIS, 1

1889
Droits réservés.

PRÉFACE

> Par la science et l'esprit de justice, posséder la connaissance du moi conscient. Tout effet a une cause. Tout effet intelligent a une cause intelligente. La puissance de la cause intelligente est en raison de la grandeur de l'effet.
>
> ALLAN KARDEC.

> Ni l'existence, ni le travail, ni la douleur, ne finissent là où commence le sépulcre.
>
> MARIETTA.

L'idée de réunir les délégués spirites en un congrès international spirite, appartient au *Centre Barcelonais d'études psychologiques* », d'accord en cela avec la « *Fédération spirite du Vallès* »; cette idée appuyée par les meilleurs éléments spirites espagnols, auxquels se sont joints, plus tard, ceux, non moins importants de l'étranger, a donné comme résultat le fait remarquable qui s'est produit à Barcelone et caractérise la troisième phase de l'histoire du Spiritisme moderne.

La première fut sa divulgation en Amérique; la seconde fut la publication des œuvres d'Allan Kardec; la troisième est l'idée caressée depuis 1873 et à laquelle adhéra la Société spirite espagnole (1) au moment de l'Exposition Universelle de Vienne, plus tard à l'Exposition de Philadelphie (2) et enfin réalisée à l'Exposi-

---

(1) Voyez la note A à la fin de la préface.
(2) Iol la nota B à la fin de la préface.

tion de Barcelone en 1888, par un Congrès spirite international.

Il fallait que le nom de l'Espagne, qui brille si glorieusement dans les pages de l'histoire et s'unit à la découverte du nouveau monde, que le nom de cette péninsule subjuguée par tant de peuples conquérants et où les invasions laissèrent de si funestes traces, mais que ses luttes pour conquérir la liberté couronnèrent aussi d'une brillante auréole ; il fallait, répétons-nous, qu'en souvenir des évènements qui feront époque dans les annales du Spiritisme, le nom de l'Espagne fût uni à celui de l'Amérique et de la France. Pour cela, nous eûmes l'idée de célébrer ici le premier Congrès international spirite, désignant la ville de Barcelone comme point de réunion, afin d'effacer ainsi la tache de l'auto-da-fé des livres d'Allan Kardec et autres ouvrages spirites brûlés par les mains du bourreau, à l'endroit où s'élève aujourd'hui l'Exposition Universelle. Desseins providentiels !

Nous ne pouvons apprécier maintenant l'évènement dans toute son importance, il se révèlera par les résultats postérieurs en donnant de grands résultats à la cause du progrès humain ; mais on jugera de la solennité de cette manifestation publique du Spiritisme en lisant le *Rapport complet* du Congrès. En autorisant cette publication, la commission a couronné son œuvre, car elle a ainsi érigé un monument impérissable qui, sous forme de livre, conservera le souvenir du Congrès pour le transmettre à la postérité, laquelle devra au Spiritisme, plus qu'à aucune autre idée philosophique ou religieuse, d'avoir ouvert de vastes horizons auparavant inconnus, et de nous avoir indiqué le chemin de la Vérité et du Bien, en prenant pour guides l'Amour, la Science et le Travail.

Ces affirmations ne sont pas exagérées ; elles ne sont ni des rêveries chimériques, ni des prétentions absurdes ou des conjectures sans fondement ; ce sont des pressentiments de l'intelligence qui réfléchit, de la raison qui médite avec exactitude, et du sentiment qui pousse le cœur à bien agir ; elles seront demain une réalité, parce que, tout idéal raisonnable tend à devenir réel.

Malgré tout ce que l'on a dit contre le Spiritisme, ses partisans forment l'avant-garde qui ouvre la marche du progrès à l'humanité.

Folie, erreur, aberration de la pensée, s'écrie l'aveugle société, chaque fois qu'il s'agit d'une invention nouvelle; le mépris, le ridicule, la persécution combattent toujours les nouvelles idées; mais malgré tous les obstacles, malgré les mauvais instincts du vulgaire ignorant et l'esprit stationnaire des corporations scientifiques, les conquêtes de l'entendement humain se sont ouvert la bonne voie, en imposant à tous les découvertes et les idées nouvelles.

Entre toutes, aucune n'a autant d'importance et de conséquences transcendantales que le Spiritisme, et pour cela même aucune n'a été autant méprisée, calomniée, ridiculisée ; mais, qui méprise le Spiritisme? Celui qui ne le connaît pas; qui le calomnie? Celui qui est intéressé à ce que l'esprit ne s'affranchisse pas du joug de l'ignorance : celui qui le ridiculise et trouve plus agréables les routines, la paresse et l'indolence que les efforts de l'étude et de la raison ; aussi, parce qu'il est plus facile de se considérer comme arrivé au pinacle de la science que de reprendre le chemin de l'investigation critique au bout duquel beaucoup de vérités sont considérées comme des erreurs. En somme, l'ignorance, la mauvaise foi et l'orgueil, tels sont les ennemis du Spiritisme. Ce n'est pas eux qui peuvent représenter comme le fait réellement le Spiritisme la cause de la science, du sentiment droit, de la croyance rationnelle et de l'universelle fraternité, c'est-à-dire l'aspiration la plus élevée qui se soit formulée jusqu'à ce jour.

Pour le démontrer, il nous suffira d'indiquer rapidement ce qu'est le Spiritisme, en soumettant notre dire au jugement de la sévère raison.

Le Spiritisme est un fait qui s'est produit dans tous les temps, mais qui n'a pas été observé ni expliqué rationnellement jusqu'à ce jour ; c'est une *science* étudiée actuellement, et dont les applications entrent directement dans la sphère de la philosophie, de la religion et de la sociologie, et indirectement dans la sphère des sciences physiques naturelles.

Ce fait est l'origine de toutes les religions et le fondement de toutes les révélations; il démontre qu'en vertu des lois naturelles, (les unes expliquées et les autres pressenties par le Spiritisme moderne) il fallait faire un appel à l'esprit humain pour que le sentiment spirituel ne fût pas étouffé par les joies matérielles; ce fait, enfin, est consigné dans toutes les pages de l'histoire, et sera certifié par toutes les découvertes de la science.

Le foyer de l'idée religieuse qui domine le monde, a dit un célèbre orientaliste, est dans les Védas, livres sacrés de l'Inde et premier monument qui nous ait été donné de la révélation écrite ; ces livres contiennent aussi les premiers témoignages des faits spirites, et ce peuple qui se présente à l'aurore de la civilisation, laisse nettement tracées les racines d'où partent le spiritualisme et quelques-uns des principes qui font aujourd'hui rayonner le Spiritisme. Les Yoguis ou inspirés indiens, hommes spéciaux qu'on supposait communiquant avec les dieux ou recevant l'inspiration de Brahma, complètent les livres sacrés, et il faut y reconnaître une supériorité d'idées qui serait inconcevable si nous ne savions pas que pour les recevoir ils tombaient en extase, c'est-à-dire qu'ils exerçaient la *médiumnité* ou la faculté de communiquer avec les esprits désincarnés ou âmes des morts.

C'est à eux que l'Inde ancienne dut son développement intellectuel et matériel ; et si, chez ce peuple primitif s'institua le quiétisme, cela fut dû à la prédominance de la caste sacerdotale contre l'absolutisme de laquelle ne put rien la réforme rationnelle de Boudha. Ce Spiritisme rudimentaire ou empirique conservé encore aujourd'hui dans l'Inde, fut le premier témoignage de la relation qui existe entre les âmes, indépendamment de l'enveloppe corporelle.

Si de l'Inde nous passons à la Perse, dans le peu que l'on traduit de ses Naskas, livres attribués à Zoroastre, nous verrons aussi consignée l'antiquité du Spiritisme, et le développement religieux et social de ce peuple, intimement lié aux phénomènes qui se produisaient alors par ses *médiums*, ou inspirés et oracles. L'histoire de Darius, celle de Cyrus, celle de Varennes, celle de Cobade et autres rois perses est remplie de ces faits ; et dans la vie du missionnaire et saint catholique, François Xavier, puissant *médium*, nous voyons que les efforts en Perse, en faveur du christianisme, furent, en résumé, stériles, parce que, à ces doctrines s'opposèrent celles du Zend-Avesta, et à ses actes, ceux des inspirés perses.

Nous avons encore une autre attestation en Égypte. Le temple de Sérapis était un lieu où s'accomplissaient un grand nombre de phénomènes spirites ; les historiens antiques rapportent une multitude de faits ; et les livres sacrés du catholicisme contiennent la narration des prodiges réalisés par les mages, soit comme magnétiseurs, soit comme *médiums*, faits et prodiges qui se produisent encore de nos jours, suivant l'assurance de visiteurs modernes instruits et impartiaux du pays des Pharaons.

En Grèce, le fait de la communication avec les êtres invisibles est connu, cette croyance est générale et se reflète dans leur religion. Les oracles ou *médiums* y sont consultés par les législateurs, pour l'établissement des lois, par les guerriers avant leurs entreprises, par les rois pour se guider dans l'administration des peuples, et par ceux-ci dans toutes leurs décisions importantes. Le rôle que joua l'oracle de Delphes aux temps de la Grèce antique est bien connu, et bien connues aussi sont les opinions que manifestèrent à ce sujet Socrate (qui avait son *démon* ou génie familier), Platon, Hippocrate, et autres sages non idéologistes; Jamblique, Xénophon, Sophocle, Plutarque et beaucoup d'autres esprits lumineux grecs, bien que nul n'ait pu à cette époque, en expliquer la théorie d'une manière satisfaisante ; Aristote l'admet aussi en même temps qu'il nie l'existence des esprits.

Comme les pythonisses en Grèce, les sibylles dans la Rome païenne accréditent le phénomène du Spiritisme, et les devins, les dieux lares, les pénates, les augures et les livres sybiliques prouvent l'usage de ces pratiques, communes aux peuples du Nord, qui ne devaient se mettre en relation que plus tard avec ceux du Midi, pour élaborer les germes de la civilisation moderne au moyen âge.

Virgile et la poésie latine, Tacite, Josèphe, Suétone, et autres grands historiens, prouvent les faits ; l'apparition du labarum à Constantinople est prouvée par un phénomène spirite.

La doctrine de Jésus pénétrant dans le cœur du paganisme est due à la même cause ; les temps anciens rappellent l'oracle des Faunes, ou de la magicienne Angitia, de la nymphe Égérie et du culte des Génies ; les temps modernes ont le souvenir des prophètes, et la nouvelle foi s'étend merveilleusement, grâce aux faits accomplis par les disciples de Jésus.

Les devins d'Antioche employaient le trépied pour obtenir les communications des esprits ; les prédictions d'Asclétarion et les prodigieux phénomènes opérés par Apollonius de Tyane, ceux que l'on doit aux mages, les vestales de Rome et les druides de Germanie en sont autant de témoignages positifs. Mais aucune réunion de faits ne vaut, pour les chrétiens, ceux que le peuple d'Israël apporta dans ses traditions, et ceux qui sont accumulés dans l'Ancien et le Nouveau Testament.

Bien que les faits contenus dans ces livres résistent à la critique, la doctrine spirite, seule, peut les expliquer rationnellement; seule elle éclaircit les mystères des religions antiques et fait la lumière à travers les monuments élevés par la croyance des peuples.

Il importe peu à notre étude qu'au bon ou au mauvais génie, au pouvoir divin et au pouvoir diabolique soient attribués ces faits, reproduits chez tous les peuples, durant le moyen âge, comme le prouvent les illusionnés, et l'Inquisition, et les codes poursuivant et châtiant la magie.

De ce grand laboratoire qui précède la Renaissance sortent l'alchimie et l'astrologie élevées au rang de chimie et d'astronomie, sciences qui prirent leur plus grand développement de la connaissance de la nature, et indiquent le chemin que doit suivre l'ancienne magie pour s'élever à la science du Spiritisme. Celle-ci compte parmi les hommes qui l'ont pratiquée et étudiée, Raimundo Lulio, Pierre Albano, Vanini, Roger Bacon, Savonarola, Cardano, Paracelse et tant de martyrs de la vérité qui donnèrent un mouvement insolite aux sciences; et les faits des possédés de Loudun, des trembleurs de Cevennes, des convulsionnaires de Saint-Médard et du presbytère de Cideville sont de nouvelles preuves, comme les visions de Swendenborg, les prophéties de Jean Balsamo connu sous le nom de Cagliostro, les faits arrivés chez tous les peuples et sous toutes les latitudes, rapportés par des voyageurs dont le témoignage est accepté, entre autres Drahu, Dumont d'Urville, Ch. de Conbertain, Fr. Denis, Humboldt, Esdaille, R. de Sainte-Croix, Huc et Gabet.

Dans l'époque moderne, si nous n'avons pas d'oracles, de pythonisses, de sibyles, de prophètes, il y a des revenants, des fantômes et de la sorcellerie; il ne nous manque pas de *miracles*, et tandis que le fanatisme accueille si aveuglément, et que l'incrédulité se rie de tout, les faits observés dans tous les temps tombent dans le domaine de la science.

Sous un seul de ses aspects, Mesmer établit la théorie du magnétisme (qui prend aussi le nom de mesmérisme comme aujourd'hui on prétend lui donner celui d'hypnotisme), en découvrant une des phases de l'agent mystérieux, ou pouvoir regardé comme surnaturel. Les académies scientifiques interposèrent leur veto pour enlever le prestige à cette découverte ; la science orgueilleuse en méprisa l'étude, et les consciences craintives eurent peur de la connaissance d'une nouvelle loi ; mais la raison et la science ont enfin triomphé, donné sa carte de naturalisation au magnétisme qui figure aujourd'hui dans le cadre des connaissances humaines, entre les découvertes destinées aux applications les plus profitables.

Deslau, Van Helmon, Puységur, Teste, du Potet, Deleuze, Charpignon, l'abbé Faria, La Fontaine et autres font de profondes études et laissent consignées leurs expériences. Bertrand, Petitin, Georget et le Dr Rostan parmi les français ; Wienhold, Guselin, Kieser, Brandis, Eschenmayer, Ennemoser, Kluyer, Nasse et Hufeland parmi les Allemands, donnent un grand essor à la science du magnétisme dont les théories et les faits peuvent s'étudier dans des centaines d'ouvrages en vogue dans notre siècle, pour démontrer jusqu'à l'évidence que « l'homme a la faculté d'exercer sur ces semblables une influence utile, en dirigeant sur eux, par la volonté, le principe qui nous anime et nous fait vivre, « principe qui n'est autre qu'une extension du pouvoir qu'ont tous les êtres vivants de soumettre leurs propres organes à l'action de la volonté. »

Aujourd'hui il n'est pas permis de douter du magnétisme comme emploi d'une faculté, ou comme « science dont la théorie embrasse les plus grands problèmes de la physiologie, de la psychologie et dont les applications sont très variées. » *La défense du magnétisme*, de Deleuze, l'article *Mesmérisme* de l'Encyclopédie, et la leçon V du *Cours de Psychologie* de Ahrens, répondent à toutes les objections sérieuses qui peuvent se présenter ; nous renvoyons nos lecteurs à ces ouvrages et s'ils progressent dans cet ordre de connaissances, ils s'accorderont avec Deleuze qui dit dans son *Instruction pratique sur le magnétisme* : « Prétendre expliquer le magnétisme par l'électricité, par le galvanisme, par des considérations anatomiques sur les fonctions du cerveau et des nerfs, c'est comme si l'on voulait expliquer la végétation par la cristallographie. Il est indispensable que les savants et les médecins soient persuadés que, les connaissances les plus profondes en physique et en physiologie ne leur permettront jamais de découvrir la théorie du magnétisme.

« La théorie du magnétisme se base sur ce grand principe qu'il existe dans la création deux classes de substances, essentiellement distinctes par leurs caractères et leurs propriétés : l'esprit et la matière ; substances qui opèrent l'une sur l'autre mais ayant chacune des lois propres (1). Beaucoup de celles qui régularisent l'action de la matière ont été successivement connues par l'observation, déterminées par le calcul et prouvées par l'expérience, telles sont celles du mouvement, de l'attraction, de la transmission de la lumière, etc. Il n'en est pas de même de l'esprit. Tout démontrable que soit l'existence de notre âme, et quand même nous connaissons un grand nombre de ses facultés, sa nature est un mystère, son union avec la matière organisée est un fait inconcevable et nous ne connaissons pas la majeure partie des lois par lesquelles l'esprit opère sur l'esprit. Les corps vivants composés d'esprit et de matière opèrent sur les corps vivants par la combinaison des propriétés des deux substances. On voit qu'il y a dans cette action deux éléments distincts et un élément mixte. La connaissance des lois qui les régissent constitue la science du magnétisme ; seulement c'est par l'observation, la distinction et la comparaison des différents phénomènes qu'on pourra arriver à découvrir et à déterminer les dites lois. »

Cependant cette découverte ne pouvait être faite que lorsque paraîtrait une science née des études psychologiques pour la recherche de la cause de ces faits jusqu'à présent considérés comme surnaturels.

Et comme préparant le terrain pour les nouvelles investigations, Arago disait dans l'*Annuaire du bureau des longitudes pour* 1853 : « Il n'y a pas de raison pour invoquer le fameux

---

(1) Contre l'opinion de Deleuze et celle admise généralement, nous autres, qui partons de l'unité comme origine et comme fin, peut-être n'admettons-nous pas cette différence *essentielle*, sinon fonctionnelle et transitoire, déterminée par l'évolution et que l'évolution fera disparaître. L'esprit peut avoir été matière et la matière arriver à divers degrés à être esprit, ou tout être matière.

mémoire de 1784 contre le somnambulisme moderne, parce que la majeure partie des phénomènes recueillis aujourd'hui sous ce nom ne furent pas étudiés. Le physicien, le médecin, le simple curieux qui se dévoue aujourd'hui aux expériences du somnambulisme, *pénétrent dans un monde entièrement nouveau* dont ces savants illustres ne supposaient même pas l'existence. »

Ennemoser convient que la cause du magnétisme se trouve *entre* les influences spirituelles et matérielles mixtes, et que, sa sphère, est entre le céleste et le naturel. Eschenmayer affirme *l'extériorité* de ce principe extraordinaire, qui résiste à toutes les forces physiques, mécaniques et chimiques, pénétrant dans la substance du corps *comme un être spirituel*. M. Lovy assure qu'il se produit beaucoup de phénomènes magnétiques, sans magnétisme. M. Barthet, magnétiseur de la Nouvelle-Orléans, croit avoir découvert dans l'ordre physique le moyen formel et positif d'entrer en relation avec le monde invisible.

Et l'existence de *causes cachées*, dans la production de certains phénomènes magnétiques en apparence, est reconnue par le baron Du Potet qui conseille de franchir les limites dans lesquelles les expérimenteurs ont enfermé le magnétisme ; il confesse enfin que les effets du magnétisme animal ne sont pas dus seulement au développement d'une faculté humaine, mais encore qu'il faut reconnaître l'intervention d'une cause *surhumaine*.

Des matérialistes célèbres conviennent que l'intervention d'êtres spirituels leur paraît démontrée dans certains phénomènes magnétiques ; ils arrivent à affirmer que ce qu'il y a de physique dans le magnétisme n'est que secondaire, l'instrument principal étant l'ordre moral et spirituel.

Les docteurs Korell, Ricard et Teste même, qui croyaient expliquer par le magnétisme tous les phénomènes de nature inconnue, s'accordent à dire qu'il y a des faits étrangers aux lois du fluide, corroborant ce que nous disions précédemment, à savoir : que le magnétisme donne seulement raison d'une phase de l'agent mystérieux, cause de ce *fait* constant, dont l'observation analytique, au milieu de ce siècle, a conduit à la science du spiritisme.

C'était une préparation vers la réaction spiritualiste que nous avons vue s'opérer chez les magnétistes, pour que les études et les expériences de ceux-ci puissent entrer dans un certain terrain ; conséquemment, les études et les observations sur *l'hypnotisme et la suggestion* (c'est-à-dire, la même matière d'investigation mais revêtue d'un autre nom, ou sauf-conduit), ont fait pénétrer le magnétisme dans les académies. La science *officielle* daigne l'étudier, celle-là même qui croyait descendre de son piédestal si elle observait les faits du magnétisme et par suite du Spiritisme, les uns conduisant les autres par la méthode purement expérimentale.

On peut très bien faire l'affirmation suivante : « Le magnétisme est le spiritisme des vivants, le spiritisme est le magnétisme des morts », comme nous l'a dit graphiquement l'un de ces êtres que nous ne pouvons plus appeler invisibles, puisque nous arrivons à les voir *matérialisés* ; un témoin, de la plus grande notoriété, c'est le savant W. Crookes.

Nous sommes aussi des témoins, bien que l'on prétende nous récuser, et quoique nous ayons consacré de longues années à cette étude et à l'expérimentation. Et qui nous récusera? Ceux même qui ne se sont pas donné la peine d'étudier, et qui se croyant *infaillibles*, non seulement repousseront notre témoignage, ce fils de la conviction et d'une consciente honnête, mais encore nous appellerons des *visionnaires*, des *illuminés* et des *fous*, sans se douter que s'ils étudiaient, s'ils approfondissaient ces matières, ils constateraient que loin de mener à la folie, (et les statistiques des maisons de santé ne prouvent pas le contraire), elles sont leur meilleur antidote ; oui, elles éclairent la raison, donnent la quiétude et la paix au cœur.

S'il les étudiaient, ces phénomènes, répétons-le, ils auraient notre conviction et notre croyance consolatrice, après avoir passé par la négation absolue, puis par le doute qui, s'il n'est pas le principe de la sagesse, est souvent le pont jeté entre l'erreur et la vérité.

Sans le savoir, sans même le soupçonner, ces savants réfractaires au magnétisme et ennemis acharnés du Spiritisme, travaillent pour nous ; et, dans ce sens, non seulement nous applaudissons, mais encore nous attendons de grands résultats des investigations faites au point de vue médical par les Charcot, Dumontpallier, Richer, Voisin, Chiltoff, Liébault, Bernheim, Barety, Bottey, Binet, Tamburini, Seppilli, A. Forel, Hack

Tare, Mosso, Lombroso, Tebaldi, Morselli, Buccola, Berti, De Giovanni, Laderme, Di Renzi, Salama, Sabrioli, Dal Pozzo, Mombillo, Tarchini, Bon, Luys, P. Magnin, Fanti, Ellero Silva, Vizioli, Hack Tuke, Heidenhaim, Riegen, Gützner, Z. Ochorawicz, Borner, Weinhold, Hoffman, Miliotti, Edciard Gonzalès, Bouillon, Azam, Cullere et tant d'autres savants connus.

Il est certain que ces personnalités, parmi lesquelles il y a de véritables savants, ainsi que tous ceux qui se sont consacrés à l'étude de l'hypnotisme et de la suggestion, travaillent plus ou moins directement pour nous, sinon au point de vue doctrinal et philosophique, au moins sur le terrain expérimental.

Après ce que nous avons dit plus haut considérant le « Spiritisme devant la raison », il faut, pour remplir le but que nous nous sommes proposé et pour terminer cette Préface, dire ce que le manque de temps nous empêcha d'exposer dans les séances publiques du Congrès; dans ces séances nous nous limitâmes à donner notre *Synthèse Spirite*. Il faut exposer un court résumé de quelques pages de notre livre intitulé *Positivisme spirite* (dont les premiers chapitres parurent dans la REVUE DES ÉTUDES PSYCHOLOGIQUES de Barcelone), et les principaux travaux scientifiques qui ont été faits jusqu'à ce jour sur le Spiritisme expérimental.

En premier lieu nous donnerons une relation très courte de l'histoire des premières manifestations du Spiritisme moderne.

« Des coups dont personne ne put deviner la cause, se firent entendre pour la première fois en 1846 chez un nommé Veckman, qui vivait dans une ville appelée Hydesville, non loin de l'Arcadie, près de New-York !

« On fit d'inutiles efforts pour découvrir l'auteur de ces bruits mystérieux. Une nuit, les cris de la plus jeune des filles âgée de huit ans réveilla la famille; la jeune fille assurait avoir senti une main qui passait sur son lit et sur sa figure.

A partir de ce moment, pendant six mois, il n'y eut aucune manifestation; la famille abandonna la maison qui fut alors habitée par un méthodiste, M. John Fox et sa famille, composée de sa femme et de deux filles. Pendant trois mois, tout resta tranquille, puis les coups recommencèrent avec plus de force.

On entendait d'abord des bruits très légers, comme si quelqu'un frappait sur le plancher de l'une des chambres à coucher, et chaque fois, une vibration dans la cloison se faisait sentir; on s'en apercevait même étant couché; les personnes qui l'ont entendue la comparaient à l'action produite par la décharge d'une batterie électrique. Les coups se faisaient entendre sans interruption; il était impossible de dormir dans la maison, et la famille appela les voisins pour découvrir la clef de l'énigme; depuis ce moment les coups mystérieux attirèrent l'attention de tous les gens du pays.

Huit personnes veillaient à la maison, d'autres au dehors, et l'agent invisible frappait toujours. Le 31 mars 1847, Mme Fox et ses filles, n'ayant pu dormir la nuit précédente, se couchèrent de bonne heure, dans la même chambre, espérant ainsi échapper aux manifestations qui se produisaient ordinairement à minuit, mais bientôt recommencèrent les coups; les deux jeunes filles, réveillées par le bruit se mirent à les imiter en claquant des doigts. A leur grand étonnement, les coups répondirent à chaque claquement; alors la plus jeune, miss Kate désira la reproduction de ce fait surprenant; elle produisit plusieurs fois le claquement et chaque fois l'être invisible répéta le même nombre de coups. Sa sœur lui dit en riant : « Maintenant faites comme moi, comptez une, deux, trois, quatre, etc.; elle frappait chaque fois des mains suivant le nombre indiqué. Les coups se succédèrent avec la même précision; ces signes d'intelligence effrayèrent les jeunes filles et l'expérience cessa.

« Mme Fox leur dit alors : « comptez jusqu'à dix »; immédiatement, dix coups se firent entendre; elle ajouta alors : « Voulez-vous me dire l'âge de ma fille Catherine (Kate)? » Les coups indiquèrent précisément le nombre d'années qu'avait la jeune fille. Mme Fox demanda ensuite si l'invisible était un être humain? il n'y eut pas de réponse. Ensuite elle dit : « Si vous êtes un esprit, je vous supplie de donner deux coups. » Aussitôt ils se firent entendre. Elle ajouta : « Si vous êtes un esprit auquel on ait fait du mal, répondez de la même manière. » Et les coups se répétèrent une autre fois. Telle fut la première conversation qui eut lieu dans les temps modernes, entre les êtres de l'autre monde et ceux de celui-ci. De cette manière, Mme Fox réussit à savoir que l'esprit qui lui répondait, était celui d'un homme assassiné quelques années auparavant. Il s'appelait Charles

Ryan, était marchand ambulant, et avait trente et un ans, quand la personne chez laquelle il logeait le tua pour le voler.

Mme Fox dit alors à son invisible interlocuteur : « Si nous faisons venir les voisins, les coups continueront-ils? » Comme signe affirmatif, on entendit un coup. Les voisins appelés vinrent, croyant rire aux dépens de la famille Fox, mais l'exactitude d'un grand nombre de détails donnés par les coups, en réponse aux questions faites à l'être invisible sur les affaires particulières de chacun, convainquirent les plus incrédules ; bientôt arrivèrent de toutes parts des prêtres, des juges, des médecins et un grand nombre de citoyens.

« La famille Fox que les auteurs des coups poursuivaient de maison en maison, s'établit à Rochester, ville importante de l'Etat de New-York, où des milliers de personnes les visitèrent et tâchèrent en vain de découvrir s'il y avait quelqu'imposture dans cette affaire.

« Les sectaires religieux impressionnés par ces manifestations d'outre-tombe, tourmentèrent la famille Fox. Mistress Hardinge, qui s'est faite l'avocat du Spiritisme en Amérique, raconte que dans les séances publiques données par les filles de Mme Fox, celles-ci coururent les plus grands périls. Trois fois on nomma des commissions pour examiner le phénomène, et trois fois elles affirmèrent que la cause de ces bruits leur était inconnue. La dernière séance publique fut la plus tumultueuse, et sans le secours d'un quaker, les pauvres jeunes filles eussent été tuées par un public en délire.

« Il est triste de penser qu'au XIXe siècle on peut trouver des hommes assez arriérés pour renouveler la persécution du moyen âge.

« La nouvelle de cette découverte se divulgua rapidement, et partout eurent lieu des manifestations spirites. Un homme, Isaac Port, eut l'idée de réciter à haute voix et lettre par lettre, l'alphabet, en invitant l'esprit à indiquer par des coups, les lettres avec lesquelles il établirait ses réponses. De ce jour date la télégraphie spirite.

« On se fatigua de ce moyen incommode et les esprits frappeurs indiquèrent un nouveau moyen de communication. Il suffisait simplement de se réunir autour d'une table, et de poser les mains dessus ; la table, en se levant donnait un coup, tandis que l'on récitait l'alphabet pour désigner les lettres dont l'esprit avait besoin, ce procédé, quoique très lent, produisit d'excellents résultats, on eut ainsi les tables tournantes ou parlantes.

« La table ne se bornait pas à se lever sur un pied pour répondre aux questions qu'on lui faisait, elle tournait sous les doigts des expérimentateurs, s'élevait quelquefois en l'air sous l'action d'une force qui la soutenait suspendue. Ces faits étranges attirèrent l'attention générale, et de suite la mode des tables tournantes envahit l'Amérique.

« A côté des personnes légères qui passaient leur temps à interroger les esprits sur des choses futiles, il y avait des esprits graves, de savants penseurs qui, attirés par ces phénomènes, les étudiaient scientifiquement, pour mettre leurs concitoyens en garde contre ce qu'ils appelaient : « une folie contagieuse. »

« En 1856, le juge Edmonds, jurisconsulte éminent qui jouit d'une autorité indiscutable dans le Nouveau-Monde, publia un livre dans lequel il affirmait la réalité de ces manifestations surprenantes ; Mapes, professeur de chimie à l'Académie nationale des Etats-Unis, se consacra à des investigations rigoureuses qui se terminèrent, ainsi que celles du juge Edmonds, par une attestation raisonnée, suivant laquelle les phénomènes étaient dus, sans aucun doute, à l'intervention des esprits.

Ce qui produisit le plus grand effet, fut la conversion aux nouvelles idées du célèbre Robert Hare, professeur à l'Université de Pensylvanie, qui expérimenta scientifiquement le mouvement des tables, et consigna ses investigations, en 1856, dans un livre intitulé : *Experimental investigations of the spirit manifestations.*

« Depuis lors, la bataille entre les incrédules et les croyants prit de plus grandes proportions. Des écrivains, des savants, des orateurs, des ecclésiastiques se mêlèrent à la lutte, et pour donner une idée du développement acquis par la polémique, il suffit de rappeler que déjà, en 1854, une pétition signée par 1,500 citoyens avait été présentée au Congrès, le suppliant de nommer une commission chargée d'étudier le nouveau spiritualisme (tel est le nom qu'en Amérique on donne au Spiritisme).

« Cette pétition fut refusée par l'assemblée, mais le mouvement était donné et l'on vit surgir de toutes parts des sociétés qui fondèrent des journaux dans lesquels on continua la guerre contre les incrédules.

« La vieille Europe fut émue de ces faits, les tables tournantes y devinrent une actualité remplie d'intérêt; pendant les années 1852 et 1853, on s'occupa beaucoup en France à les faire tourner; on n'y abordait personne sans cette demande sacramentelle : « Eh bien, faites-vous tourner les tables? » Ce fut une mode, et après l'attention se dirigea vers d'autres objets.

Néanmoins il y eut ce résultat important, de faire réfléchir bien des personnes sur la possibilité des relations entre les morts et les vivants. En étudiant, on découvrit que ce qui s'appelait la croyance au surnaturel était aussi ancienne que le monde.

Ces faits qui, en d'autres temps, furent considérés comme surnaturels et attribués à la magie et à la sorcellerie, furent étudiés d'une manière suivie de 1850 à 1355 par un groupe de savants, puis par Allan Kardec qui, en synthétisant ce que ce groupe de savants nommait *l'enseignement des esprits*, donna la clef des faits spirites et comment ils se produisaient, en les plaçant dans l'ordre des phénomènes naturels; cette théorie, actuellement, a des bases positives et rationnelles.

Alors furent posés les fondements de la nouvelle science, basés sur l'existence des esprits, et prouvés par des faits physiques et matériels qui l'élevèrent au rang d'un principe scientifique, avec la certitude du positivisme matérialiste qui s'appuie sur des vérités démontrées; on sut que l'esprit ne mourait pas en laissant son corps matériel, l'organisme avec lequel il s'était manifesté dans la vie terrestre, et que le corps seul se décomposait. On sut que les esprits, en abandonnant leur enveloppe corporelle, peuplent l'espace, entourent les vivants de la terre et se communiquent à eux en se faisant connaître à l'aide de signes incontestables. On put les suivre, comme le dit Allan Kardec, dans toutes les phases de leur existence d'outre-tombe, et l'on sut enfin qu'ils ne sont pas des êtres abstraits, immatériels dans le sens absolu du mot; qu'ils ont une enveloppe à laquelle nous donnons le nom de *périsprit*, espèce de corps fluide, vaporeux, diaphane, invisible à l'état normal, mais qui, dans certains cas et par une espèce de condensation ou disposition moléculaire, peut se rendre visible et même tangible momentanément. Cette enveloppe qui existe durant la vie corpo relle est le trait d'union entre l'esprit et la matière ; le corps étant mort, l'âme ou l'esprit ne se dépouille que de l'enveloppe grossière, en conservant ou en prenant dans le milieu atmosphérique où il vit, l'enveloppe semi-matérielle, l'agent des divers phénomènes par le moyen duquel les esprits manifestent leur présence et nous donnent une *démonstration physique de l'existence de l'âme*. Allan Kardec arriva à ces conclusions après une longue série d'expériences. Il présenta la théorie spirite, non comme un système préconçu, mais comme le résultat de l'observation et de l'analyse, c'est-à-dire obtenu à l'aide des procédés du positivisme moderne.

Le Spiritisme embrasse donc les faits positifs du monde spirituel ; son étude donne ce résultat de détruire les superstitions de la sorcellerie et du surnaturel, de l'élever au rang d'une science véritable. De même que l'étude de la magie et des sciences occultes, comme celle du monde sidéral ont transformé l'astrologie en astronomie, l'étude de la composition des corps, des actions et réactions des atomes ont élevé l'alchimie au rang de chimie.

La science spirite a détruit à jamais le surnaturel, les formules magiques, les talismans, etc., en réduisant les phénomènes possibles à leur juste valeur, sans sortir des lois naturelles.

Le règne du miracle a passé, chassé par la science et par le sens commun ; mais comme la première ne peut expliquer ni l'autre rendre compte de certains phénomènes qui dépassent les lois connues et paraissent des prodiges, qui sortent du cadre des faits d'ordre naturel, il est indispensable de leur donner une explication rationnelle et scientifique.

C'est la mission du Spiritisme, comme l'a dit Allan Kardec il est la preuve patente de l'existence de l'âme, de son individualité après la mort, de son immortalité et de son sort véritable c'est la destruction du matérialisme, non par des raisonnements mais par des faits.

Revenant aux travaux scientifiques qui ont été faits relativement aux phénomènes spirites, nous rappellerons que, en 1850, on publiait à New-York une *Histoire des communications avec le monde des Esprits* (*Explanation and history of the mysterious communion with spirits*), démonstration absolue et presque mathématique, comme le dit un critique, de la réalité des phénomènes sur lesquels les demoiselles Fox avaient appelé l'attention publique, et qui s'étaient reproduits dans presque toutes les villes importantes des Etats-Unis, malgré la formidable opposition des sectes religieuses.

En 1852, W. Bryant, B. K. Bliss, W. Edwards et David A. Wells, professeurs à l'Université de Harward, publièrent un manifeste célèbre pour appuyer, par leur témoignage, l'authenticité du mouvement et de l'élévation des tables, sans que, suivant eux, aucun agent physique connu fût mis en jeu. Ces professeurs, après plusieurs expériences « pratiquées avec la plus scrupuleuse attention », se virent obligés d'admettre qu'il y avait là une manifestation constante d'une force intelligente, indépendante de l'assistance.

Peu de temps après M. Robert Hare, docteur en médecine et professeur distingué de chimie à l'Université de Pensylvanie, communiqua à « l'Association pour le progrès des sciences », les résultats de ses expériences, qu'il exposa dans son ouvrage intitulé *Expérimental investigations of the spirit manifestations; demostrating the existence of spirits and their communications with mortals. Doctrine of the Spirit-world respecting Heaven, Hell, Morality, and God, etc.*

Il est malheureux que ce livre si important n'ait pas été traduit en espagnol et en français, il peut seulement être lu par ceux qui connaissent l'anglais et l'allemand. Nous en faisons un extrait dans notre *Positivisme spiritualiste*.

On peut considérer ce livre comme très important parce qu'il est le premier de tous ceux que nous connaissons qui traite des phénomènes spirites au point de vue éminemment scientifique expérimental. M. Hare, qui commença les travaux que l'éminent chimiste M. Crookes poursuit de nos jours avec tant de succès, soumit les phénomènes spirites aux plus rigoureuses expériences; il inventa et mit en usage plusieurs instruments ou appareils qui lui démontrèrent l'existence de cette force appelée *force psychique, force intelligente* émanée des êtres d'outre-tombe qui se manifestaient, et enregistrée au moyen d'appareils automatiques. Ces expériences sont concluantes.

Bien avant que l'éminent Hare eut publié (New-York 1885) ses investigations expérimentales démontrant l'existence des esprits et leurs communications avec nous, le professeur Brittan et le docteur R. Richemond avaient publié, à New-York aussi, un autre livre non moins intéressant, intitulé : *Discussion of the tracts and philosophy of anciers and moderne spiritualism*. M. John Edmonds, magistrat du Tribunal supérieur de New-York et ancien président du Sénat, un de ceux qui ridiculisèrent la croyance aux esprits et ne croyaient pas à la vie future se convertit au Spiritisme devant l'évidence des faits, pour en être un des plus fervents apôtres aux Etats-Unis ; il écrivit, en collaboration avec M. Talinadge, gouverneur de l'État de Visconsin, et avec le docteur Dexter, chirurgien renommé de New-York, l'ouvrage notable intitulé *Spiritualism* qui opéra une révolution radicale dans les opinions religieuses et philosophiques des hommes savants ; depuis lors, jusqu'à présent, ont paru, dans les Etats-Unis, une multitude d'ouvrages qui traitent scientifiquement des faits spirites, admettent en général la théorie des esprits ; quelques-uns cherchent une autre explication, mais sans nier la réalité de ces faits qui attirent l'attention publique depuis plus de quarante ans.

A force d'entendre parler des phénomènes produits, beaucoup de personnes se décidèrent à faire des expériences par elles-mêmes, et à voir ce qu'il y avait de vrai sur la prétendue communication avec les esprits. Alors se généralisa d'une manière extraordinaire *la fièvre pour les guéridons*, beaucoup furent convaincus de la réalité de ces phénomènes qui avaient envahi l'Europe ; de 1852 à 1853, en commençant par l'Angleterre et par l'Allemagne, avec l'arrivée du vapeur « Washington » de New-York, qui débarqua plusieurs médiums. C'est pour cela que la *Gazette d'Augsbourg* disait, en juillet 1853, *que ce vapeur avait importé d'Amérique le nouveau phénomène*.

Quoi qu'il en soit, de là naquirent les germes du Spiritisme moderne, comme si l'Amérique eût payé ainsi sa dette de gratitude envers l'Europe civilisatrice en lui apportant la découverte d'un autre monde, celui des esprits.

En 1853 les « tables tournantes » faisaient irruption dans le vieux continent, phénomène que le docteur André se chargea de décrire dans les termes suivants :

« Après avoir formé une chaîne de sept ou huit personnes se touchant par le doigt *auriculaire droit* de chacune, avec le doigt *auriculaire gauche* du voisin, la table que l'on entoure se met à tourner pendant le temps que la chaîne dure, et s'arrête quand une personne se retire. »

Ce fut un cri général de moquerie et d'incrédulité, dit le marquis de Mirville, dans son remarquable ouvrage *des Esprits et de leurs manifestations fluidiques devant la science moderne* (compilation de notes prouvant la vérité des phénomènes spirites qu'il attribue au diable, comme le fait l'école catholique); on reconnut dès lors la révélation du docteur allemand, chacun voulut expérimenter et les critiques donnèrent lieu à une espèce d'invasion d'êtres invisibles ; des professeurs de l'Université de Heidelberg, Mittermayer et Zoephe, MM. Molh, Eschenmayer, Ennemoser, Herner et autres, certifièrent les faits, et le docteur Lœve, de Vienne, imagina une foule de théories pour expliquer l'inexplicable, en dehors des principes spirites.

Presque simultanément les nations européennes sont envahies par les tables tournantes; à Chambéry M. Bonjean, membre de l'Académie Royale de Savoie, à Vienne le baron de Reichenbach, en Écosse les docteurs Gregory, Holland et Carpenter, en Angleterre l'illustre Faraday, à Genève M. Thury professeur à l'Académie et membre de la Société de Physique et d'Histoire Naturelle, en France MM. Chevreul, Boussingault, Babinet et Saulcy de l'Institut, les ingénieurs Séguin et de Mongolfier, le docteur Rayer, le comte Agenor de Gasparin, l'abbé Bautain, G. de Caudemberg et d'autres savants, prouvent le phénomène physique, essayant de l'expliquer au moyen de théories plus ou moins ingénieuses, plus ou moins absurdes, mais qui, toutes, tombent d'elles-mêmes, parce qu'aucune d'elles n'explique d'un manière satisfaisante le fait dans toutes ses manifestations.

Le fébrile désir d'expérimenter se manifeste partout pendant quelque temps ; chacun apporte des faits pour l'œuvre postérieure.

Et notez ici l'intuition de quelques intelligences privilégiées qui, dès le premier moment, pressentirent l'avenir transcendental que ces faits devaient acquérir.

Le docteur Mayer, célèbre magnétiste, disait dans la *Presse Médicale*. « C'est peut-être une nouvelle force qui nous a été révélée? Quant à moi je crois que c'est une manifestation particulière de l'électricité vitale, depuis longtemps déjà étudiée sous le nom de magnétisme animal. C'est tout un monde à explorer... Suivons, sans nous laisser arrêter par les obstacles, ce sillon que le hasard nous a tracé. *Qui sait s'il ne contient pas quelque chose capable d'honorer toute une génération!* »

Le célèbre baron Du Potet, un des hommes qui ont le plus illustré la science du magnétisme, et qui, à la fin se convertit au Spiritisme, s'exprime ainsi en 1853 : « La découverte de Mesmer a dépassé le cercle tracé autour de lui par les Popilius de nos Académies ; elle est entrée dans le domaine de la presse, avec les nouveaux phénomènes qui, la corroborant, lui donnent une sanction universelle. On peut dire avec sûreté que ce qui se produit aujourd'hui *est un grand événement ; c'est un siècle qui commence et n'aura pas eu son égal. La lumière va briller dans les ténèbres, et les ténèbres comprendront.* »

M. de Saulcy, membre de l'Institut de France, comme beaucoup de ses collègues, s'était moqué au commencement, et après des expériences sérieuses, il se convainquit de la réalité des faits, autorisa le marquis de Mirville à dire « qu'il ne comprenait pas comment la science moderne pouvait méconnaître ou laisser tomber dans l'oubli, *une vérité qui doit jeter tant de lumière sur des questions très importantes.* »

Le marquis de Mirville, déjà cité, prédit aussi, en 1851, la *découverte d'une grande loi inconnue*, en ajoutant qu'elle *se chargera de révéler tout le mystère des phénomènes spirites.*

Quant à cette dernière prophétie, suivant ce que lui-même confesse, il fut devancé par le comte de Richemond, qui, dans un opuscule de quelques pages expose les faits américains les plus importants.

Enfin, et pour ne pas nous surcharger de citations de ce genre, nous transcrivons les paroles du R. P. Ventura Raulica, un des plus illustres représentants de la théologie et de la philosophie catholiques au xixe siècle, qui, après avoir attesté les phénomènes des tables tournantes et parlantes, dit : « *Malgré leur apparence puérile*, elles constituent LE PLUS GRAND ÉVÉNEMENT DE NOTRE SIÈCLE. »

La science *académique* commença par nier les faits, les déclarant *à priori* absurdes et impossibles ; mais comme les faits étaient positifs, et que leur réalité s'imposait malgré l'indifférence *académique* et en dépit des anathèmes mal fondés, des corporations *savantes* réfractaires une fois de plus à l'observation (et pourtant la science lui doit ses grandes conquêtes modernes), l'Académie des sciences de Paris dut intervenir; ce ne fut pas comme corps, c'est-à-dire, au moyen d'une commission chargée d'étudier les faits, car elle prévoyait, sans doute, un échec comme celui de 1784, relatif au magnétisme animal. Quelques-uns de ses membres prirent part à la discussion, ils publièrent des livres et des articles de Revues, consacrés à donner l'explication théorique du phénomène ; MM. Chevreul, Boussingault et Babinet, répondirent au nom de la science *académique* interrogée par le public, qui restait indifférente comme elle le fait toutes les fois qu'il s'agit de quelque découverte, ou d'une idée nouvelle qui ne sont pas sorties du sein de cette corporation conservatrice.

Chevreul publia, en 1854, son livre *De la baguette divinatoire, du pendule explorateur et des tables tournantes*, prétendant expliquer le phénomène par » l'action inconsciente des mouvements musculaires. »

Babinet donna son opinion (*études et lectures sur les sciences d'observation*, T. II, pages 231-254), sur la rotation des tables, les attribuant aussi « à des mouvements inconscients naissant (?) ou commençant (!) »

Boussingault, d'accord avec ses compagnons, affirmait très sérieusement, dans sa « *question des esprits* », que le mouvement donné à nos tables n'avait d'autre cause que « les vibrations invisibles et involontaires du système musculaire des expérimentateurs, traduisant alors la contraction prolongée des muscles en une série de vibrations qui se convertit en un tremblement visible pour imprimer à l'objet le mouvement rotatoire. »

O savants, quel entêtement!

L'illustre Faraday, de la Société royale de Londres, ne dédaigna pas de s'occuper des phénomènes spirites, en faisant des expériences qui ne le satisfirent pas; ce savant voulait donné raison à l'explication de MM. Chevreul et Babinet, en démontrant que « la table tournait par un effort si imperceptible, que l'opérateur qui le produisait ne s'en rendait pas compte. » Faraday finit par avouer qu'il avait jugé aussi légèrement que les autres, et avec moins de précision que ne l'eût fait le dernier élève d'une classe de physique, parce qu'il faut avoir oublié les premières notions de la dynamique, pour soutenir qu'un imperceptible effort musculaire, une quantité minime de puissance peut vaincre la résistance représentée par la rapidité de rotation de la table, et par ses brusques mouvements qui parfois ont besoin de tout l'effort musculaire d'un homme robuste pour les arrêter. Ces mouvements brusques brisent quelquefois le meuble.

Nous ne parlons pas des cas de suspension, et des séances où les mouvements de la table se manifestent sans aucun contact, ce qui détruit dans leur base les théories de tous les académiciens routiniers et conservateurs!!!

Nous devons noter, en passant, comme le fait W. Crookes, que ni à cette époque, ni plus tard Faraday, l'un des princes de la science, ne considéra pas sa dignité amoindrie pour s'être occupé des phénomènes spirites, comme il le manifestait dans une lettre adressée en 1861 à Sir Emerson Jennent, à propos d'une investigation expérimentale sur les phénomènes qui se produisaient par la médianimité de M. Home; il disait : « Le devoir de tout ceux qui ont quelqu'influence sur ces matières, est de se prêter personnellement et d'aider aux autres avec la plus grande franchise possible, en appliquant toute méthode critique, soit intellectuelle, soit expérimentale, que l'esprit humain puisse imaginer. »

A ceci, W. Crookes répondit: « Si les circonstances n'eussent pas empêché Faraday de se rencontrer avec M. Home, il eût été le témoin de phénomènes semblables à ceux que je vous énumère ; il n'eût pas manqué de s'apercevoir qu'ils représentent *les effets d'une loi qui ne s'est pas encore formulée.* »

Nous ne nous occuperons pas des autres théories non moins originales que celles que nous venons de citer; notons cependant celle du docteur Rayer, célèbre chirurgien qui présenta à l'Institut de France un Allemand dont l'habileté allait donner la clef de tous les coups qui se faisaient entendre sur les tables. Cette théorie était celle du *muscle craqueur*, qui tomba bien vite, comme tant d'autres ; malgré cela quelques années plus tard, un physiologue allemand, M. Schiff, put assister à une séance de l'Académie des sciences de Paris, durant laquelle des cas pathologiques analogues furent cités par le docteur Jobert (de Lamballe), le célèbre Velpeau et le docteur Cloquet. Bien avant tous ceux-ci, M. Flint, professeur de Clinique médicale, à l'Université de Bufalo, et les docteurs Coventry et Lea, furent partisans des *bruits articulaires*.

Un grand nombre d'aussi célèbres docteurs tentèrent d'expliquer et de donner une valeur scientifique à la *fameuse* théorie des « *muscles craqueurs* », à laquelle personne ne croit plus! Et cependant, les coups et les bruits continuèrent et se reproduisirent et les phénomènes augmentèrent en progression accentuée.

A ces expériences faites par des hommes de science, et que nous appellerons : travaux scientifiques, succédèrent d'autres phénomènes.

M. F. de Saulcy, membre de l'Institut de France, savant archéologue, voyageur célèbre et physicien expert, ne se borna pas à une observation superficielle des faits, et à imaginer une théorie inadmissible, à l'exemple de ses confrères à l'Académie ; après avoir reçu avec incrédulité et moquerie la nouvelle des phénomènes des *tables tournantes et parlantes* » il se décida à expérimenter par lui-même ; faisant fléchir son orgueil de physicien et de mathématicien devant la réalité des faits qu'il étudiait en toute conscience, il eut la loyauté et le courage de manifester ses opinions, ouvertement opposées à celles des fabricants de théories.

Ce savant adressa une lettre remarquable au marquis de Mirville, qui la publia au commencement de son Mémoire envoyé à l'Académie. Cette lettre se termine ainsi :

« En résumé, je crois à l'existence de faits que généralement notre volonté ne pourrait pas produire, et sur lesquels, cependant, je déclare que cette volonté a quelquefois une action palpable. Je crois à l'intervention d'une intelligence *différente de la nôtre*, qui met en jeu des moyens presque ridicules.

Par ordre de M. de Saulcy, son fils, qui l'avait assisté dans ses expériences, communiqua au marquis de Mirville d'intéressants détails, faits notables, scientifiquement prouvés, qui détruisaient complètement les théories inventées par ses compagnons de l'Institut de France.

Pour démontrer la réalité des faits, les expériences du comte Agenor de Gasparin sont concluantes ; le comte, dont la parfaite honorabilité, l'esprit scientifique, les vastes connaissances et les conditions d'observateur sérieux et instruit sont connus, les relate dans son ouvrage : *Des tables tournantes, du surnaturel et des esprits.*

Quant à l'explication du phénomène, celle fournie par ce savant observateur ne fut pas moins erronée que celle de ses prédécesseurs ; il attribuait les coups au reflet de la pensée des opérateurs ; donc leur volonté aurait agi sur les corps inertes.

Tous repoussèrent cette théorie, comme son auteur l'avait prévu en disant : « J'ai adopté une position isolée, qui m'expose à être désapprouvé par tout le monde.

En 1855, M. Thury, professeur de l'Académie de Genève et membre de la Société de Physique et d'Histoire naturelle, l'un des savants qui prirent part aux expériences de M. de Gasparin, affirma, dans un opuscule publié sur son investigation scientifique : « que les phénomènes étudiés par celui-là étaient exacts, et que leur réalité se trouvait établie », il disait et ajoutait encore : « Ne pouvant pas démontrer leur impossibilité *a priori*, personne n'a le droit de traiter d'absurdes les témoignages sérieux qui viennent les affirmer ».

Le docteur Coze, médecin français distingué, doyen de la Faculté de Médecine de Strasbourg, après l'examen de quelques phénomènes de magnétisme et de « *tables tournantes* », affirma leur réalité.

Les docteurs Corvisart et de Castelnau, sans étudier les faits, prétendent les expliquer, soit par l'« *imagination* » soit par les « *vibrations musculaires* » théorie déjà « complètement ruinée » comme le disaient la *Revue Médicale* et *La Patrie*, en mai 1853.

M. Bonjean, membre de l'Académie Royale de Savoie, affirma les faits après les avoir étudiés ; il reconnaît la « *parfaite intelligence de l'agent en question* », mais il attribua les réponses à la « *réflexion de la pensée* ».

MM. Seguin et de Montgolfier, ingénieurs et physiciens très distingués, non seulement firent des expériences et certifièrent les faits, mais encore les soutinrent dans la presse par des polémiques très animées.

L'abbé Moigno, théologien et physicien en même temps, rédacteur en chef du *Cosmos,* revue encyclopédique des sciences, à la suite d'une communication envoyée à l'Académie par M. Vauquelin relativement à une de ces *tables enchantées qui, chez lui, avait répondu aux questions les plus mystérieuses et deviné les choses les plus secrètes* », s'écriait dans la dite Revue : « *Ceci est par trop fort, si vous n'avez pas été trompés, si les faits extraordinaires que vous affirmez sont vrais, l'intervention des esprits et la magie sont alors de tristes... mais* DE GRANDES RÉALITÉS ».

Le marquis de Mirville, dans son Mémoire (que nous avons déjà cité, et auquel nous empruntons beaucoup de notes adressé à l'Académie des Sciences morales et politiques de Paris, publié en 1858 et qui dans la première année arriva à quatre éditions), démontre, d'une manière irréfutable, la réalité des phénomènes spirites. Ce volume contient près de 500 pages G. in-4°; c'est un grand recueil de notes, comme nous l'avons dit, qui nous donna la conviction de la réalité des faits spirites, conviction que nous n'avions pas acquise par la lecture des œuvres d'Allan Kardec.

Nous admettons la thèse de Mirville, *intelligences servies par des fluides*, pour expliquer tous ces faits; mais nous n'admettons pas l'opinion catholique qu'il soutient, la doctrine démonologique, mais celle de notre rationnelle et consolante philosophie, doctrine émanée des esprits, comme révélation naturelle; la doctrine des esprits, rédigée par Allan-Kardec, non dogmatique, éminemment progressive, la seule qui s'accorde avec la science positive.

Après son Mémoire, et comme complément, le marquis de Mirville publia un autre livre intéressant, intitulé : *Question des Esprits, ses progrès dans la science,* examen de faits nouveaux et de publications importantes sur les tables, les esprits et le surnaturel.

Nous empruntons quelques notes à ce livre :

Le docteur Sales-Girons, directeur de la *Revue Médicale*, exprimait ainsi son opinion :

« Je crois, d'après la parole de saint Paul, qu'il y a des puissances *dans l'air*, esprits, intelligences intermédiaires dont l'intervention peut provoquer Dieu, le diable et l'homme, pour produire dans le monde physique des phénomènes devant lesquels l'homme devra s'étonner.

« Ceci, quant à la question générale de la *possibilité*...

« Quant à la question spéciale du fait réalisé, la quantité, la qualité des témoins qui l'affirment, me paraît suffisante pour nous obliger à l'admettre. Les tables, donc, ont *tourné* et *parlé*.

« Mais après la question de réalité, vient pour moi la question d'*utilité* des tables tournantes en plein XIXe siècle. Suivant mon opinion, si un tel fait n'était pas utile, il n'eût pas été possible et ne se serait pas réalisé.

« Je crois donc, qu'à l'époque où les corps bruts et inertes ont exécuté des mouvements et montré des signes d'intelligence, il y avait *utilité* qu'il en fût ainsi ».

Le docteur Brierre de Boismont, sommité scientifique dont se glorifie la France, dont la réputation est universelle, savant auteur du livre sur les *Hallucinations*, reconnaissant son incompétence pour formuler une opinion sur les « tables tournantes » disait, dans une lettre adressée au marquis de Mirville : « J'ai vu tourner des tables, mais jamais je ne les ai vues répondre d'une manière satisfaisante aux questions qui leur étaient posées. *Il m'est, cependant, impossible de nier* que des personnes instruites, *très dignes de foi*, m'ont déclaré avoir été témoins souvent de ce fait. D'autre part, l'*histoire est là* pour attester les *singuliers* phénomènes que la science n'a pas bien expliqués ».

L'ingénieur M. Gérard de Codemberg, membre de plusieurs académies, rédacteur de revues scientifiques du journal l'*Assemblée nationale*, homme positiviste par éducation, très versé dans la physique mécanique, un savant en un mot, disait dans ce journal en 1855. « Les phénomènes du mouvement des tables et principalement ceux que M. de Gasparin a étudié avec certaine apparence scientifique, ne peut avoir son explication que dans une puissance surnaturelle, intelligente, animée... qui se manifeste hors des opérateurs, quoique assujettie, jusqu'à une certaine mesure, à l'influence de leurs désirs et de leurs volontés ».

Aux conditions énumérées pour étudier avec fruit les phénomènes, Gérard de Codemberg (ou Caudemberg, nous voyons ce nom écrit aussi de cette façon) réussit plus tard à communiquer avec les esprits ; mais, n'étant pas satisfait par la lenteur des procédés des tables, il adopta l'écriture ou la psychographie. « Ce genre d'évocation est toute une science dont le mouvement des tables n'a été que le prologue », disait celui-là, pressentant le spiritisme philosophique et doctrinal qui devait se fonder peu après par la publication des œuvres d'Allan Kardec.

En 1857, il publia à Paris un livre intitulé : *Le Monde spirituel ou science chrétienne de communiquer intimement avec les puissances célestes et les âmes heureuses.* Ce livre, bon témoin de la réalité des faits, par suite de la compétence et la sincérité de son auteur, contient quelque chose de bon et renferme aussi une doctrine erronée; c'est une preuve de l'influence qu'exercèrent sur lui les esprits obsesseurs qui, suivant ce qu'il confesse lui-même auparavant, le molestaient très souvent.

Il mourut à la fin de 1858, et ne connut pas les œuvres d'Allan Kardec publiées à cette date; s'il les eût eu, comme guide, il eût sûrement évité l'obsession.

M. Henri Carrion, écrivain pathétique, directeur d'un journal de Cambrai que durant bon nombre d'années il rédigea avec un talent reconnu, certifia les faits dans son livre intitulé : *Lettres sur l'évocation des Esprits*. Malgré sa qualité de catholique, M. Carrion reconnut que parmi les êtres d'outre-tombe, qui répondent à nos évocations, il y a aussi de bons esprits (lesquels naturellement doivent nous exciter au bien), et que sur les mauvais, l'évocateur peut exercer une influence salutaire.

Après avoir parlé du témoignage de cet écrivain français et catholique, nous n'oublierons pas celui d'un autre homme illustre, également écrivain français et catholique, M. C. de Laroche-Héron, qui eut occasion de visiter et interroger à New-York les sœurs Fox; dans un article sur les *médiums américains*, il attesta la réalité des phénomènes, après de nombreuses expériences qui ne purent laisser aucun doute ni à lui, ni à un de ses amis, « homme intelligent et consul d'une puissance européenne, » qui l'accompagna dans cette visite. Laroche-Héron se montre dans son article hostile aux spirites.

Une des personnes les plus compétentes qui, à cette époque, s'occupèrent des phénomènes, fut le comte de Tristan, membre de plusieurs sociétés scientifiques, auteur de l'ouvrage *Recherches sur quelques effluves terrestres*, qui, durant quarante ans, se consacra à des études persévérantes sur les fluides, et il se voua en 1856 à l'étude des « tables tournantes ». Pendant longtemps il ne vit en elles autre chose qu'un phénomène de rotation électrique; il reconnaissait, sur la table, une grande quantité de fluide nerveux, transmis par l'extrémité des doigts des personnes qui opéraient; plus tard, « il lui fut impossible, dit-il, de douter que le phénomène de la table *parlante* ne fût pas dû à *l'intervention d'êtres métaphysiques* ». « Peut-être les tables tournent-elles par suite d'un phénomène physique, et surtout des fluides qui se répandent dessus; les fluides nerveux, surtout, permettent et facilitent l'intervention ».

Affirmant les faits et les expliquant suivant la théorie de M. de Mirville : « Intelligences servies par des fluides, pris et employés par elles », théorie que nous acceptons nous autres, non dans le sens de contrarier, mais dans celui de toujours obéir aux lois de la nature; nous trouvons une autorité respectable, l'abbé Baulain, grand-vicaire de l'archevêché de Paris, et en même temps docteur en théologie, en médecine et en droit, qui disait lorsque les phénomènes appelèrent son attention :

« J'ai vu tourner des tables sous l'application de la main de l'homme, sans aucun effort musculaire de sa part, et malgré sa *volonté bien résolue* de ne pas le faire..., je les ai entendues parler à leur manière...; j'ai vu, j'ai touché, j'ai palpé et je me suis assuré par tous les moyens possibles, qu'il n'y avait pas de tromperie ». — « Ainsi donc, il y a des phénomènes de l'intelligence, de la pensée, de la raison, de la *volonté*, de la *liberté* (quand elles refusent de répondre)..., et de telles causes ont toujours été appelées par les philosophes, esprits ou âmes ». — « Les esprits en question voient donc, plus haut et plus loin que nous autres, et si toutes les fois ils ne voient pas avec précision, ni ne disent pas la vérité, il est constant que sans être infaillibles, ils voient des choses de l'autre monde et du nôtre, *que nous autres nous n'apercevons pas* ». — « Suivant *ce que j'ai vu et entendu* je réponds avec *sécurité* qu'ils ne sont pas de bons esprits, c'est-à-dire, ministres de la volonté et de la parole de Dieu ».

En face de cette opinion, inadmissible en bonne logique et contraire à l'authenticité des faits et à l'appui de la thèse rationnelle spirite, suivant laquelle il n'est pas juste ni logique d'admettre que des esprits mauvais puissent communiquer et que cela soit défendu aux bons! vient le témoignage important d'un expérimentateur, l'abbé Almignana, qui, a la triple qualité de docteur en droit canonique, *théologien* et magnétiste, joignait la précieuse faculté d'être *médium* ; il se trouvait, par conséquent, dans les plus favorables conditions pour l'expérimentateur ; ses opinions doivent être d'un grand poids dans ce procès. Il les exposa dans un remarquable opuscule intitulé *Examen des doctrines de MM. de Mirville et de Gasparin*, dans lequel il répond à l'un et à l'autre par des faits et des raisonnements irréfutables sortis de ces mêmes faits (1).

La théorie de la *réminiscence* ou du *reflet de la pensée*, soutenue par le comte de Gasparin, est complètement réfutée dans l'opuscule de l'abbé Almignana, par des faits de sa propre expérience.

Quant au « démonisme exclusif » de M. de Mirville, le dit opuscule le combat parfaitement par des faits de somnambulisme et de tables, avec des objections auxquelles celui-là prétendit répondre, mais sans y réussir, malgré toute son habileté.

« Si la cause est le démon, dit l'abbé Almignana, l'exorcisme devrait faire rester immobiles les tables et retenir la main du médium, parce que *sublata causa tollitur effectus*; cependant, aucun somnambule n'a rien perdu de sa lucidité par suite des exorcismes que j'ai employés pour me persuader s'il y avait quelque chose de diabolique dans ces phénomènes. Le résultat a été le même quant aux tables. On n'obtient rien au nom de Dieu et de Jésus, l'oraison, le signe de la croix, l'eau bénite, etc.

M. Benezet, directeur de la *Gazette du Languedoc*, l'un des hommes les plus considérés de Toulouse (France), journaliste très instruit, notable écrivain et extrêmement sceptique quant à la question des tables, se décida, malgré ses croyances catholiques, à faire des expériences; il obtint des résultats tels (élévations de guéridons sans contact, fait de devination, dragées qui descendaient lentement du plafond, chapeaux qui volaient d'une chambre à une autre, apparitions de formes, morsures, etc., et manifestations extraordinaires de différentes natures), que, effrayés, lui et sa famille, il se promit de ne plus s'en occuper. Cependant, malgré cette résolution, ils obtinrent encore, contre leur volonté, quelques phénomènes.

M. Benezet sans craindre le ridicule que lui-même avait fait tomber sur d'autres expérimentateurs, et cédant à ce qu'il regardait comme un devoir, publia quelques résultats dans un opuscule intitulé : *Des tables tournantes et du panthéisme*, pour confirmer, par des preuves irrécusables, l'exactitude des faits.

M. Gougenot des Mousseaux, dans son livre : *Mœurs et pratiques des démons ou des esprits visiteurs, d'après les autorités de l'Église, les auteurs payens, les faits contemporains*, etc.

---

(1) Librairie spirite, 1, rue Chabanais, 0 fr. 40, 100 exemplaires, 20 fr., pour la propagande.

(Paris, 1857), affirme les faits et l'existence d'un agent qu
devant de bons témoins, il a vu servir de conducteur à quelqu
chose de plus que la force et la pensée de l'homme.

M. Delorme, directeur de l'un des principaux établissement
d'enseignement à Lyon, après la relation des phénomène
obtenus dans des séances spirites, dit :

« Ce que j'ai vu est assez clair, assez positif. Les faits, pou
moi, ne sont plus douteux ; ce que j'ignore, ce sont les cause
Mais en soumettant les faits relatés aux savants et aux magné
tiseurs de bonne foi, ils auront une base solide pour s'éleve
aux causes ».

Comme répondant à cette manifestation du sens commu
conforme avec le principe de Descartes : *Non sunt neganda clara
propter quædam oscura*, et qui paraissait exprimer ce qui éta
une nécessité de ce moment, apparut alors, en 1857, la premièr
édition du *Livre des Esprits*.

Notre vénéré Allan Kardec qui, depuis 1855, se consacrait
de persévérantes observations sur les phénomènes, et à la mis
en ordre de documents réunis par une société de savants
recueillait les résultats de ces longues observations en orga
nisant le corps de doctrine qui sert de bases à nos études
« s'attachant principalement à détruire les conséquences philo
sophiques du phénomène, voyant le principe des lois naturelle
qui régissent les relations entre le monde visible et invisible
il reconnaissait dans l'action de ce dernier, l'une des forces d
la nature, dont la connaissance devait éclairer une multitud
de problèmes ».

Au *Livre des Esprits* (1857, puis en 1858 format in-12) succéd
Qu'est-ce que le Spiritisme? (1859), le *Livre des Médiums* (1861)
l'Evangile suivant le Spiritisme (1864), *Le ciel et l'enfer ou la jus
tice divine* (1868) ; *La Genèse, les miracles et les prophéties selon l
Spiritisme*, œuvre supérieure qui, avec la *Revue spirite*, fondé
en 1858, dans laquelle on peut beaucoup apprendre, complèt
les publications d'Allan Kardec.

Ayant exposé ce corps de doctrine, fondé sur l'existence et l
communication des êtres invisibles, doctrine révélée en mêm
temps en différents endroits et à un grand nombre d'expéri
menteurs, Allan Kardec l'avait enseignée dans ses œuvres fon
damentales ; dès lors l'apôtre du Spiritisme pouvait se désin

carner et il en fut ainsi; il se dégagea de son enveloppe corporelle, *le 31 mars 1869*, date que beaucoup de spirites célèbrent tous les ans, principalement en France, en Espagne et dans la partie de l'Amérique qui parle la langue de Cervantes.Cette date coïncide avec la grande solennité de *la divulgation du Spiritisme en Amérique*, dont les spirites des États-Unis célèbrent le souvenir (*le 31 mars 1848*).

L'œuvre d'Allan Kardec porte ses fruits, en acquérant de nouveaux développements, tandis que tombent dans l'oubli les contradictions de tous ceux qui ont nié l'évidence des phénomènes spirites.

Continuons notre exposition le plus brièvement possible, sans omettre rien de ce qui est à notre connaissance et qu'à force de travail nous avons pu recueillir, quant aux expériences et travaux scientifiques faits sur le Spiritisme.

Ces détails offrent un grand intérêt à qui veut bien connaître les travaux du premier Congrès international spirite.

Cette considération fera excuser les proportions inusitées de cette préface; nous l'avons jugée nécessaire en composant ce livre : « RAPPORT COMPLET DU CONGRÈS »; les délégués nous en ayant accordé la présidence en compagnie de trois autres personnes, la Commission permanente m'a chargé d'exécuter ses décisions.

Revenons aux années 1859 et 1860.

L'Académie des sciences de Paris s'occupa de cette question de la manière indiquée ci-dessus, mais la science *officielle*, au lieu d'expérimenter, unique voie rationnelle et logique pour arriver à des conclusions certaines, seule manière de se conformer à la méthode employée de nos jours, se contenta de nier; elle admit des explications ridicules et grotesques.

En vain lui disaient ceux qui, d'abord incrédules, durent se convaincre par la logique brutale des faits : « Observez, expérimentez, étudiez la doctrine et les théories rationnelles auxquelles nous sommes arrivés au moyen de ces procédés »; sa réponse fut le silence ou l'attaque par le ridicule; les catholiques agirent ainsi, pas autrement, entre autres l'académicien Viennet, auquel répondit l'illustre auteur des « Élus de l'avenir », M. Paul Auguez en publiant un livre intitulé *Les manifestations des Esprits*, logique et savante démonstration de l'existence de ceux-ci et de leurs relations avec les hommes Tout fut inutile; la science s'était renfermée dans l'anti scientifique système de la négation *a priori!* on peut dire au partisans d'un tel système : *oculus habent et non vident.*

Suivant ce système erroné, M. Louis Figuier, qui, s'il n'es pas un savant, est un laborieux vulgarisateur de la science publia en 1860 son *Histoire du merveilleux*, divisée en quatr tomes, dont le dernier porte le sous-épigraphe : *Les tables tour nantes, les Médiums et les Esprits*, qui se borne à un examen plu superficiel que profond en démontrant qu'il ne connaît pas c dont il parle.

Il croit que le seul fait des tables tournantes peut avoir l même explication que d'autres phénomènes, de nature semblabl dans le fond, appelés : « *Hypnotisme* par le docteur Braid, *Biolo gisme* par M. Philips, *Suggestion, ou cérébration inconsciente!* par un physiologal anglais, le docteur Carpenter. »

M. Figuier publia, douze ans plus tard, son livre intitulé *L Lendemain de la mort ou la vie future selon la science*, pou exposer une théorie spirite incomplète; il s'appuyait sur le doctrines et les arguments d'Allan Kardec et, en même temps se permettait de ridiculiser les adeptes de cette doctrine. Malgr tant d'inconséquence et malgré Figuier, son livre fait partie d la propagande spirite et, sous ce point de vue, il figure dans le productions littéraires de notre école.

Un autre auteur beaucoup plus profond, et compétent dan cette matière, mais qui devait aussi arriver à des conclusion erronées, parce qu'il l'étudiait seulement avec une pensée pré conçue, sous la pression de la foi religieuse, se chargea d répondre à M. Figuier. Nous voulons parler du P. A. de Matignon de la Compagnie de Jésus, qui, en 1861, publia à Paris un livr intitulé *La Question du surnaturel ou la grâce, le merveilleux e le Spiritisme au XIX⁰ siècle.*

L'illustre jésuite reconnaît l'exactitude des phénomènes il certifie la présence des Esprits, sous l'influence desquels est n le Spiritisme.

Les opinions du P. Matignon sont conformes avec celles d l'Église catholique exposées dans l'ouvrage *Le Spiritisme dans l monde moderne*, qui est le résultat des études d'une commissior de savants jésuites, auxquels, à ce qu'il paraît, la curie romaine confia ce travail, publié dans son journal *La Civilita Cattolica*.

Un long résumé, avec réfutation complète du *Spiritisme dans le monde moderne*, se trouve dans l'appendice de l'ouvrage publié en 1878, par notre ami, l'illustre spirite et habile magnétiseur, D. Jacques Félin, sous ce titre : *Observations sur l'ouvrage la Pluralité des mondes habités devant la loi catholique*, de D. Niceto Alonso Parujo.

Le dit travail des jésuites est pour nous d'une valeur importante, parce qu'il certifie, d'une manière irréfutable, la réalité des phénomènes.

Contre ce témoignage et celui de la science, nous devons présenter les témoignages de ceux qui nient les faits, quoiqu'ils soient impuissants à rien détruire ; comme variété, voici l'opinion du célèbre chirurgien Trousseau, lequel, dans deux conférences données à Paris, en l'année 1862, disait que le Spiritisme était une *stupidité*.

En revanche, le R. P. Lacordaire prévoyait, avec une grande perspicacité, l'importance que devaient avoir, dans l'avenir, les manifestations des esprits ; il jugeait qu'ils étaient *providentiels* et devaient *confondre les incrédules*.

La stupidité, suivant Trousseau, le *fait providentiel* suivant Lacordaire, donnaient lieu en 1863 à une nouvelle publication de l'ingénieur G. H. Love, savant français. Dans son remarquable et consciencieux ouvrage : *Le Spiritualisme rationnel*, l'auteur démontre scientifiquement que la communication avec les esprits, « non seulement est possible, mais qu'elle doit avoir lieu tous les jours pendant le sommeil. »

Pendant cette même année, le professeur A. de Morgan, président de la « Société mathématique » de Londres, secrétaire de la « Société Royale astronomique » et membre d'autres corporations savantes, publia son ouvrage sur le Spiritisme, intitulé *From Matter to Spirit*; M. Herrenschneider s'occupait de son important travail sur la « Nécessité de l'alliance entre la philosophie et le Spiritisme », dont l'introduction parut dans la *Revue spirite* de Paris ; le célèbre médium Daniel Douglas Home, livrait à la publicité son livre : *Incidents in my Life* (Incidents de ma vie), traduit en français sous ce titre : *Révélations de ma vie surnaturelle*, en rapportant les phénomènes extraordinaires médianimiques qu'il avait produits.

L'illustre astronome Camille Flammarion, si connu de nos jours, médium de la Société spirite de Paris, publiait son ouvrage populaire, *La Pluralité des mondes habités*, et d'autres travaux spirites.

En faveur de notre doctrine, parurent aussi : *Le Spiritisme est-ce vrai? est-ce faux?* par H. D. de Turck, profond penseur belge, incrédule au commencement et plus tard convaincu; *Le Spiritisme expliqué et détruit*, opuscule dédié à la Faculté de Médecine, par M. G. Pelin; *Recherches sur le magnétisme, le somnanbulisme et le spiritisme*, du docteur Guyoman; *Les superstitions du paganisme renouvelées, ou le Spiritisme dévoilé*, par un auteur anonyme, défenseur du catholicisme; on réimprimait alors à Paris, en 1864, un curieux livre publié quelques années auparavant par M. Henri Delaage, sous ce titre : *L'Eternité dévoilée ou vie future des âmes après la mort*; l'auteur y affirme s'être trouvé bien des fois en relation avec des âmes de défunts et avec des esprits.

Et pour terminer, en démentant Trousseau, le Spiritisme prenait pied, en 1854, dans la philosophie et les connaissances usuelles, avec le *Nouveau Dictionnaire universel*, publié par Maurice Lachâtre, avec le concours d'un grand nombre de savants, et dans lequel on expose la doctrine spirite.

En 1865, André Pezzani, avocat à la cour impériale de Lyon, auteur de l'ouvrage « Les principes supérieurs de morale », couronné par l'Académie française des sciences morales et politiques, et de plusieurs traités de philosophie, publia son ouvrage : *La Pluralité des existences de l'âme*, monographie de l'un des principes fondamentaux du Spiritisme, et dans lequel il expose, de main de maître, cette question en vue de l'histoire et de la philosophie.

Pendant cette même année, on publia, à Paris, la traduction du livre en anglais par le docteur Nichols, intitulée : *Phénomènes des frères Davenport*.

Les controverses suscitées par ces frères qui parcouraient le monde, donnèrent lieu à plusieurs opuscules et livres, entre autres celui que publia, en 1859, en Oswego (New-York) M. Baud, il avait pour titre « Notices sur les jeunes Davenport. »

Nous en connaissons deux : « *La Vérité sur les Davenport* par Z. J. Piérart; et *Des Forces naturelles inconnues* à propos des phénomènes produits par les frères Davenport et les médiums en général »] par Hermés, pseudonyme qui, parait-il, cache un savant français très connu, astronome très compétent et très aimé.

Les Davenport donnèrent lieu à l'opuscule que nous publiâmes à Madrid en 1874, avec la Société spirite espagnole, sous le titre de « Actualité ». *Les phénomènes spirites*, qui se vendit au théâtre des Nouveautés pendant la soirée qu'y donnaient les Davenport; elle était le résumé des expériences alors récentes du savant William Crookes. Peu de jours après, nous publiâmes notre livre intitulé : « *Controverse spirite*, à propos des frères Davenport. Défense du spiritisme avec notices et témoignages qui démontrent l'exactitude des phénomènes spirites. »

En 1866, parut l'ouvrage intitulé : *Le Spiritisme chrétien ou révélation de la révélation. — Les quatre évangiles* par J. B. Roustaing bâtonnier des avocats à la cour impériale de Bordeaux. Cet ouvrage médianimique, qui ne contredit en rien la doctrine exposée par Allan Kardec, traite cependant quelques questions que celui-ci, avec sa prudence, et son bon sens, ne crut pas opportun d'aborder encore.

L'illustre et laborieux M. J. B. Roustaing qui, comme nous et tant d'autres, avait accueilli avec incrédulité le Spiritisme, se livra avec assiduité à des travaux d'expérimentation et d'observation, qu'il porta sur le terrain de la morale principalement.

Les justes considérations, quant à l'intime relation des sciences magnétique et spirite, doivent appeler l'attention, cette raison étant le guide scientifique au point de vue expérimental.

En même temps que se publiait le volumineux ouvrage de Roustaing, apparaissait celui de Renan, *Les apôtres*, lequel sans s'occuper ostensiblement du Spiritisme, fait de nombreuses allusions à notre doctrine, dont l'importance paraît ne pas lui être inconnue; cependant, dans le cours de l'ouvrage, Renan se prononce contre les spirites.

Aurélien Scholl, l'auteur français si connu, dans un article publié dans *le Soleil*, faisait, sur les appréciations de Renan, un jugement concret et précis : manque de bonne foi ou de raisons solides.

Parmi les publications de 1866 s'enregistre le livre écrit par le docteur Chauvet, de Tours. *Nouveaux principes de philosophie médicale*, lequel étudie la spiritualité au point de vue scientifique, et reconnaît le principe spirituel, le corps fluidique (notre péri-esprit) et l'organisme matériel. Allan Kardec disait de cet ouvrage qu'il était une des premières applications, à la science positive, des lois révélées par le spiritisme.

A cette époque, la « Bibliothèque de philosophie contemporaine » publia un petit volume intitulé : *Des sciences occultes et du spiritisme*, écrit par le professeur J. B. Tissandier, qui prétend combattre le spiritisme sans l'avoir étudié ni théoriquement, ni expérimentalement ; il se sert de quelques citations de l'ouvrage de M. Morin, *Du magnétisme et des sciences occultes*.

Et depuis lors, tant d'ouvrages spirites ont été publiés que leur énumération serait fatigante. D'autre part les plus importants sont tellement connus qu'il est inutile de les mentionner sur le terrain scientifique : *Dieu et la nature* et *Lumen*, de Flammarion ; *Le Spiritisme devant la raison*, par V. Tournier ; *Les Camisards dans les Cévennes*, par E. Bonnemère ; (1) *La Raison du spiritisme*, de Bonnamy ; en littérature, *Spirite*, de Théophile Gautier ; *Mirette*, de Sauvage ; *Le Roman de l'avenir*, de Bonnemère l'historien ; *Fernande*, de Dauriac ; *Choses de l'autre monde*, par Eugène Nus ; *L'esprit frappeur*, par le président Jaubert ; *Le Spiritisme devant la science*, par Ch. Fauvety ; *Les vies mystérieuses*, par le colonel Mallet ; *L'écriture directe*, par le baron de Guldstentubbe ; *Le doute*, par Raphaël ; l'œuvre médianimique *Marietta*, dont la cinquième édition se publiera bientôt, *Le Spiritisme ou Fakirisme occidental*, par le docteur Gibier ; *Recherches sur le spiritualisme*, par William Crookes ; etc., etc., et tant d'autres ouvrages publiés dans toutes les langues, où l'on voit que la défense du spiritisme en littérature, éclipse complètement de peu nombreuses et tristes réfutations par la science.

Que vaudraient ces pauvres réfutations devant la volumineuse information de la Commission de la *Société dialectique de Londres*, dans laquelle figuraient tant de personnalités du monde savant, et qui affirma, de la manière la plus explicite, l'exactitude des phénomènes soumis à son appréciation ?

Avec ce témoignage positif et indiscutable, on signale l'époque à

---

(1) L'âme et ses manifestations dans l'histoire, de E. Bonnemère. — Le Spiritualisme dans l'histoire, de Rossi de Giustiniani.

laquelle les phénomènes ont pénétré dans le cabinet des hommes de science, pour être soumis à l'analyse des savants qui suivent les traces du professeur Hare, le célèbre chimiste américain.

Robert Dale Owen, Hudson Tutle, le docteur Sexton, le physiologue Lews, les professeurs de Morgan, Gregory et Gully, le savant physicien Varley, les chimistes Butlerow, Hœfle et W. Crookes, Epes Sargent, Cox, Chambers, Elliotson et Mapes, les astronomes Goldsmidt et Flammarion, les éminents Huxley, Huggins et Wallace et, enfin, Zöllner l'astronome, et d'autres professeurs de l'Université de Leipzig, donnent leur adhésion au spiritisme dans le monde scientifique, comme auparavant on la lui avait donné dans le Dictionnaire encyclopédique, parmi les connaissances humaines.

Ce serait une tâche interminable et contraire à notre but que de citer les conclusions de tous ces hommes connus dans le champ de la science, lesquelles affirment la réalité des phénomènes spirites et les résultats de leurs propres investigations.

Nous ne pouvons faire autrement que de reproduire le témoignage de l'un des plus éminents savants de notre temps, auquel le Spiritisme doit le plus sur le terrain de l'expérimentation scientifique ; nous nous étions proposé de le faire ressortir dans cette préface.

Nous voulons parler d'Alfred Russell Wallace, membre distingué de la Société royale de Londres, président de la Société d'anthropologie, dont le nom restera écrit en caractères d'or dans les annales de la science moderne ; E. Wallace formula, en même temps que Darwin, des conclusions analogues quant à l'origine des espèces, mais différant en un point important parce que Wallace, conforme avec les idées spirites, dit que : « Il est nécessaire d'admettre une intelligence supérieure pour pouvoir expliquer l'existence de l'homme. » C'est pourquoi ses études à propos des phénomènes spirites lui ont donné, sur Darwin, un grand avantage dans l'importance et le but de son anthropologie.

L'auteur de la *Théorie de la sélection naturelle* et de tant d'ouvrages, s'exprime ainsi dans sa *Défense du spiritualisme moderne*, nom donné par les Anglais et les Anglo-américains au spiritisme :

« Je soutiens que les phénomènes du spiritisme n'ont pas

besoin de plus de confirmation. Ils sont prouvés aussi positivement que le sont les faits des autres sciences. Ce n'est pas la négation ou le parti pris qui peuvent réfuter aucun d'eux, mais seulement de nouveaux faits exacts de ceux-ci. Quand les adversaires du spiritisme pourront présenter un résumé de leurs investigations qui, en durée et plénitude, s'approche de celui de ses défenseurs, et quand ils pourront découvrir et montrer en détail la manière dont se sont produits les phénomènes, ou comment le grand nombre des hommes sensés auxquels nous nous sommes référés ont été induits en erreur, et quand ils pourront prouver leur théorie à l'aide de raisons qui produisent une croyance semblable chez une corporation de sceptiques également sensés et habiles, alors, et pas avant, les spirites auront besoin de présenter une nouvelle confirmation de faits, lesquels sont et ont toujours été suffisamment réels et indiscutables pour satisfaire un investigateur honnête et persévérant.

« Étant donné l'état des faits, quant à leur évidence et leurs preuves, nous sommes pleinement autorisés à prendre *les faits* du spiritisme moderne, comme complètement établis, et avec eux, la théorie spirite, comme la seule soutenable.

« Le Spiritisme moderne n'est pas une simple *curiosité* physiologique, ni une simple *loi naturelle* ignorée, mais bien une science de vaste extension avec les solutions les plus importantes et les plus pratiquées ; avec un tel caractère, il doit attirer les sympathies des moralistes, des philosophes, des politiques, de tous ceux qui s'intéressent de cœur à l'amélioration de la société et à l'élévation progressive de la nature humaine. »

Tel est aussi, d'accord avec l'éminent Wallace, le résumé des conclusions du premier Congrès international spirite, célébré à Barcelone en 1887; le lecteur s'en formera une idée en examinant le *Rapport complet de ses séances et de ses travaux*.

Les différents et éloquents discours prononcés, et les travaux lus dans les séances publiques, examinent le spiritisme sous ses différents aspects ; les délégués qui se trouvaient au Congrès, les adhésions qui, avant et après, ont été reçues, l'attente générale, l'effet surprenant qui se produisit dans le public émerveillé de la prépondérance et de la vitalité toujours croissante du spiritisme, cette solennelle et publique manifestation de nos idées et les bases d'organisation établies pour les appuyer, ont démontré, d'une manière évidente et définitive, que le spiritisme, connu déjà dans l'ordre des connaissances humaines, après avoir envahi les domaines de la science, s'impose aujourd'hui à l'attention publique.

Les manifestations successives, le puissant essai que doit lui donner l'organisation approuvée, et la nouvelle splendeur qu'il recevra par des travaux suivis et continus, prouvent que le Congrès qui doit avoir lieu à Paris, en septembre 1889, démontrera l'exactitude des prédictions scientifiques du P. Secchi et la vérité de cet adage :

LE SPIRITISME SERA LE GRAND ÉVÉNEMENT DE CE SIÈCLE.

Pour cette fin, notre premier Congrès international sera enregistré comme une grande étape, non seulement dans les annales du spiritisme ou du spiritualisme moderne, mais encore dans les fastes de l'histoire du progrès humain auquel il contribuera plus que toute autre idée philosophique ou religieuse. Voici sa devise :

VERS DIEU PAR L'AMOUR ET PAR LA SCIENCE.

Barcelone, 12 octobre 1888.

Le vicomte DE TORRES-SOLANOT.

NOTES DE LA PRÉFACE

La Société spirite espagnole, en juin 1873, publiait une lettre dans son journal, *El Criterio*, au Président de la Société spirite de Vienne, dans laquelle il traitait de la nécessité d'un Congrès international spirite dans cette ville d'Autriche où il y avait aussi une exposition internationale ; plusieurs frères de Madrid se proposaient de se rendre à Vienne et de remettre un mémoire à leurs F. E. S. pour leur exposer quel était le résultat de leurs études, et les prier d'en demander autant à tous les centres spirites. Cette lettre était signée par le Président, le vicomte de Torres Solanot.

En avril 1875, *El Criterio Espirita* consacrait son numéro à une grande idée, celle qui avait préoccupé les Espagnols à l'exposition de Vienne ; à Philadelphie se créait une exposition universelle, et nos amis de la péninsule Ibérique, par l'intermédiaire de M. Torres Solanot, pensaient que, vu l'extension dans le monde de la philosophie spirite, il devait y avoir une place pour notre doctrine à Philadelphie. Une commission avait été nommée à Madrid à cet effet, composée de MM. de Solanot, Corchado Huelbes, Martorrell, Suarez, Migueles, Gonzalbo, Sanchez Escribano, Couillaut et Agramonte, et classait dans la section des travaux destinés à améliorer la condition physique, intellectuelle et morale de l'homme, tous les ouvrages parus pour la défense du spiritisme ; cette commission réclamait le concours actif de tous les centres Spirites dans le monde, pour démontrer l'action générale de cette doctrine bienfaisante.

Une proposition fut présentée pendant la première législature des chambres constituantes de la république espagnole par MM. Jose Navarette, Anastasio Gracia Lopez, Luis F. Benitez de Lugo, Manuel Corchado, Mamès redondo Franco, tous députés spirites, et qui devait être défendue par l'éloquent M. Navarette ; il s'agissait de faire déclarer que l'étude du spiritisme ferait désormais partie de l'enseignement secondaire universitaire.

La dissolution des Chambres fit avorter ce mouvement important.

Voici le programme que devait défendre le député Navarrette.

Programme d'un cours élémentaire de spiritisme

Prolégomènes. — Notions de cosmologie et d'anthropologie.

Traités sommaires. — 1° Pluralité des mondes habitables et habités. — Cosmographie comparée.

2° Concept de l'esprit. — Vie libre. — Incarnations.

3° Théorie du progrès. — Progrès universel indéfini.

4° Fondements de la Philosophie, de la Morale et de la Religion. — Synthèse spirite.

5° Idéal social humain.

6° Spiritisme expérimental. — Magnétisme, somnambulisme lucide, phénomènes spontanés et systèmes de communication avec le monde invisible.

Huelbes Temprado,   Torres Solanot.

SPIRITISME FONDAMENTAL

TABLEAU DE L'ENSEIGNEMENT COMPLET

Première partie. — *Exposé synthétique.*

1° Traité...	Dieu...............	Credo spirite
2°	La Création..........	
3°	L'Esprit.............	Trinité universelle.

Seconde partie. — *Exposé analytique.*

1° Traité...	L'Homme. — Anthropologie.	Philosophie spirite
2°	La Science. — Cosmologie. — Philosophie............	L'étude de l'homme et de la nature comme
3°	La Foi. — La Religion......	base de la croyance.

Troisième partie. — *Science spirite.*

1° Traité...	Magnétisme. — Les fluides..	
2°	Spiritisme expérimental. — Les communications......	
3°	La vie future. — Récriminations	Spiritisme expérimental et appliqué.
4°	La vie planétaire. — Problème social. — La doctrine spirite dans ses multiples applications. — Charité.....	

Quatrième partie. — Résumé du Spiritisme.

1ᵉ Traité... Catéchisme de la *Doctrine spirite*. — Code moral et religieux.
2ᵉ .... Conclusions de la *Philosophie spirite*. — Progrès indéfini.
3ᵉ .... Le *Spiritisme* appliqué au développement des sciences physiques naturelles, de l'art et de l'industrie.
4ᵉ .... *Nouvelle Révélation*. — Foi de l'avenir. — Idéal spirite.

TORRES SOLANOT.

PREMIER CONGRÈS INTERNATIONAL SPIRITE

En Belgique, plusieurs congrès ont été tenus, les spirites des autres nations y étaient engagés, mais le congrès de Barcelone, en 1888, avait un caractère encore plus général ; il était demandé depuis 20 ans. Ce fait s'est réalisé par l'initiative du *Centre Barcelonais d'études psychologiques*, celle de la *Fédération spirite du Vallès*, et leur énergique résolution mise constamment en jeu.

Les séances de ce congrès international s'ouvrirent le 8 septembre 1888, dans une salle très aérée, ornée de fleurs, brillamment illuminée, pouvant contenir 2,000 personnes ; l'estrade tendue de velours rouge, avec le buste d'Allan Kardec entouré de fleurs, dominait le bureau du Congrès et les tables des sténographes ; les bannières de tous les pays couvraient des écussons sur lesquels étaient inscrits les paroles suivantes :

Dieu est esprit et il est nécessaire que ceux qui l'adorent, l'adorent en esprit et en vérité, (Jean, chap. IV, v. 24.)—*Pluralité des Mondes habités. — Dans la maison de mon Père il y a plusieurs demeures.* (Jean XIV, v. 2)—*Pluralité des existences de l'âme. — Il est nécessaire que vous naissiez une autre fois.* (Jean III, v. 2). *— Celui qui ne renaîtra, ne pourra voir le royaume de Dieu* (Jean III v. 7). *— Religion future. — L'idéal progressif pour dogme, les arts pour culte et la nature pour église. — Gloire à Dieu dans le ciel et paix sur la terre aux hommes de bonne volonté. — Soyez humbles afin d'arriver au savoir infini. — Ce n'est pas assez de sentir, voir et comprendre la loi, il faut la démontrer en prati-*

quant la charité. — *Dans l'éternité immobile, les Esprits subsistent, les choses matérielles passent.* — *On ne doit pas ajouter foi à toute parole, ni obéir à tout Esprit; mais on doit peser chaque chose avec prudence et tranquillité.* — *L'humble jouit d'une paix continuelle; l'envie et la colère empoisonnent le cœur de l'orgueilleux. Le vrai, le bien et le beau sont des principes de justice coéternelle avec Dieu.*— *Aie bonne confiance et tu seras toujours gai.* — *Supporte les autres si tu veux qu'on te supporte.* — *Les applaudissements des autres ne servent à rien pour l'esprit si lui-même ne s'applaudit pas.* — *Vivre bien, c'est vivre honnêtement et avec justice.* — *La source de vie est l'intelligence de celui qui la possède, et le supplice des esprits aveugles est dans leur propre aveuglement.* — *Le soleil n'attend pas qu'on le supplie pour répandre sa lumière et sa chaleur. Imite-le et fais tout le bien que tu pourras sans attendre qu'on te le demande.*

La Commission organisatrice a mérité les félicitations du congrès pour ses prudentes et sages dispositions.

CENTROS ESPIRITISTAS
Representados en el congreso
NACIONALES

Sociedad Espiritista Española. — *Madrid.*
Centro « Diodoro-Luis ». — *Madrid.*
Centro « Marietta ». — *Madrid.*
Centro de estudios espiritistas y magnéticos. — *Madrid.*
Sociedad de Estudios Psicológicos. — *Zaragoza.*
Grupos federados á la misma:
Aguarón, Molinos, Gurrea de Gállego, Belchite, Pina de Ebro, Epila, Calahorra, Arcos de Medinaceli, Villenueva de Gállego, Cuarte, Cosuenda, Almonacid de la Sierra.
Centro Barcelonés de Estudios Psicológicos. — *Barcelona.*
Centro « La Paz ». — *Barcelona.*
Centro « Amor y Progreso ». — *Barcelona.*
Centro « Unión Fraternal ». — *Gracia (Barcelona).*
Centro « Fraternidad humana ». — *Tarrasa (Barcelona).*
Sociedad espiritista « Fraternidad ». — *Sabadell (Barcelona).*
Centro « Aurora ». — *Sabadell (Barcelona).*
Centro « Unión fraternal ». — *Manresa (Barcelona).*

Centro espiritista. — *Granollers* (*Barcelona*).
« Unión fraternal ». — *Capellades* (*Barcelona*).
« Unión espirita ». — *Blanes* (*Barcelona*).
Centro espiritista. — *San Quintín de Mediona* (*Barcelona*).
Centro « La Razón ». — *Sevilla*.
Sociedad de Estudios Psicológicos. — *Alicante*.
Centro espiritista. — *Alicante*.
Centro « La Paz ». — *Alcoy* (*Alicante*).
Centro « Pequeño grupo Marietta ». — *Santa Pola* (*Alicante*).
Centro espiritista. — *Mahón* (*Baleares*).
Centro « El Buen deseo ». — *Villacarlos* (*Baleares*)
Centro « Amor y Sapientia ». — *Valencia*.
Sociedad espiritista. — *Sueca* (*Valencia*).
Centro espiritista. — *Villanueva* (*Castellón*).
Centro de Estudios Psicológicos. — *Murcia*.
Sociedad Sertoriana de Estudios Psicológicos. — *Huesca*.
Centro espiritista. — *Córdoba*.
Centro « La Luz ». — *Málaga*.
Centro de Estudios Psicológicos. — *Ubrique* (*Málaga*).
Centro de Estudios Psicológicos. — *Gerona*.
Centro « Amor y Caridad » *Palamós* (*Gerona*).
Centro espiritista. — *Tarragona*.
Grupo espiritista. — *Vilaseca* (*Tarragona*).
Centro espiritista. — *Bell-lloch* (*Lérida*).
Centro espiritista. — *Gerri de La Sal* (*Lérida*).
« Luz de la Verdad ». — *Granada*.
Centro espiritista. — *Casas Viejas* (*Granada*).
Sociedad « Los Valles ». — *Loja* (*Granada*).
Centro espiritista. — *Frailes* (*Granada*).
Sociedad espiritista. — *Algarinejo* (*Granada*).
Centro de Estudios Psicológicos. — *Iznajar* (*Granada*).
Centro « La Verdad ». — *Cuenca*.
Centro « La Caridad ». — *Cuenca*.
Círculo espiritista. — *Manzanares* (*Ciudad-Real*).
Sociedad espiritista. — *Cartagena* (*Murcia*).
Centro espiritista. — *Guadalajara*.
Centro espiritista. — *Marmolejo* (*Jaén*).
Centro « La Esperanza ». — *Andújar* (*Jaén*).
Centro « La Luz ». — *Alcalá la Real* (*Jaén*).
Centro espiritista. — *Lugo*.

Grupo espiritista.— *Santiago (Lugo)*.
Grupo espiritista. — *Ferrol (Coruna)*.
Centro espiritista. — *Gibraltar*.

PROVINCIAS DE ULTRAMAR.

Centro « La Reencarnatión ». — *Habana (Cuba)*.
Centro « El Salvador », — *Sagua la Grande (Cuba)*.
Sociedad espiritista. — *Matanzas (Cuba)*.
Centro « Lazo Unión ». — *Cienfuegos (Cuba)*.
Centro « San Pablo » de Malpáez. — *Quemado de Güines (Cuba)*.
Sociedad espiritista. — *Isabela (Puerto-Rico)*.

EXTRANJERO (AMÉRICA).

Sociedad espiritista. — *Santiago (Chile)*.
Centro « Paz ». — *Lima (Perú)*.
Sociedad Espirita « Perseverancia ». — *Puebla (México)*.
Sociedad espiritista de México y sus centros federados. — *México*.
Círculo « Paz y Progreso ». — *Orizaba (México)*.
Sociedad espiritista. — *San Luis de Potosí (México)*.
Sociedad espiritista. — *Veracruz (México)*.
Centro « Humildad ». — *Caracas (Venezuela)*.
Sociedad espiritista « La Esperanza ». — *Buenos-Aires*.
Sociedad espiritista « La Revelación »: — *Buenos-Aires*.
Sociedad espiritista. — *Tampa (Estados-Unidos)*.
Sociedad espiritualista de North Collins (Adhésión). — *Nueva-York (Estados-Unidos)*.

EUROPA (FRANCIA)

Société scientifique d'études psychologiques. (Continuadora de la de Allan Kardec). — *Paris*.
La « Solidarité Spirite », — *Paris*.
Groupe spirite « Poulain ». — *Paris*.
Société fraternelle. — *Lyon*.
Groupe « Amitié ». — *Lyon*.
Groupe spirite de Montmartre. — *Lyon*.
Sociétés spirites de *Toulouse*.
Société spirite. — *Douai*.

Groupe «Sainte Luce». — *Bordeaux.*
Groupe spirite. — *Nantes.*
Groupe de famille. — *Saint Genis Laval (Rhône).*
Groupe «Bisontin». — *Besançon.*
Groupe spirite. — *Nîmes.*
Veinte grupos de la *Gironda.*
Trente grupos de departamentos de *Charentes.*
Grupos espiritistas de *Rouen.*

(BELGICA)

Union spiritualiste. — *Lieja.*
Société spirite «La Prospérité». — *Bruselas.*
Groupe «Union spirite». — *Chenée.*
Grupos del Flandes belga.

ITALIA

Academia Internacional de estudios espiritistas y magnéticos de Roma. — Todas sus secciones establecidas en los principales centros de Italia y todos los grupos espiritistas que se han adherido á la Academia. — *Roma.*
Sociedad Centro. — *Pesaro.*

RUSIA

Sociedad Espiritista (Adhesión). — *Odessa.*

(RUMANIA)

Sociedad espiritista (Adhésión). — *Bucarest.*

PERIODICOS REPRESENTADOS

Revue Spirite. — *París.*
Le Spiritisme. — *París.*
La Vie Posthume. — *Marsella.*
La Religion Laïque. — *Nantes.*
Le Messager. — *Lieja.*
Le Moniteur. — *Bruselas.*
Lux. — *Roma.*
Il Publico. — *Turin.*
Il Corriere Spiritico. — *Florencia.*
Boletin Paz y Progreso. — *Orizaba (México).*

La Luz del Alma. — *Buenos-Aires.*
La Vérité. — *Buenos-Aires.*
El Pan del Espíritu. — *Santiago de Chile.*
El Criterio Espiritista. — *Madrid.*
Revista de Estudios Psicológicos. — *Barcelona.*
La Luz del Porvenir.— *Gracia (Barcelona).*
El Faro Espiritista. — *Tarrasa (Barcelona).*
Lumen. —*S. Martín de Provensals (Barcelona).*
La Solidaridad. — *Zaragoza.*
La Luz del Cristianismo. — *Alcalá la Réal.*
El Iris de Paz. — *Huesca.*
La Revelación. — *Alicante.*
La Caridad. — *Santa Cruz de Tenerife.*
La Buena Nueva. — *Santi Espíritu (Cuba).*
La Nueva Alianza. — *Cienfuegos (Cuba).*
La Alborada. — *Sagua la Grande (Cuba).*
El Progreso. — *Mayagüez (Puerto Rico).*

LISTA DE SS. DELEGADOS

Que asistieron al congreso

ESPAÑA

D. José María Fernández, Sr. Vizconde de Torres-Solanot, D.ª Amalia Domingo y Soler, D. Facundo Usich, Joaquín Huelbes Temprado, José Agramonte, Manuel Sanz y Benito, Salvador Sellés, Miguel Vives, Juan Chinchilla, José Burgués, Antonio Enguiu, Juan Torrens, Modesto Casanovas, José María López, Jacinto Plañas, Joaquín Diéguez, Ezequiel Martín Carbonero, Miguel Escuder, José Cembrano, Valentín Vila, Antonio M. Almasqué, Dalmacio Pons, Francisco Garica Ferrer, José Cabot, Juan Durán, Juan Pujol y Ortega, Antonio Matoses, AgustinNeto Lliteras, Rafael Martí, José Grané, José Boladeras. José Tur y Vicedo, Emilio Ros, Ignacio Baldranas, José Rodó, Pablo Aymerich, Ricardo de Castro y Sainz Bravo, José Romañá, Narciso Moret, Bernardo Ramón Ferrer, Joaquín Baleñá, Juan Ferrer, José Bertrán, Cayetano Garibaldi, Jacinto Viñamata, José Sanfeliu, Antonio Martí, N. Pérez, Eduardo Moreno Acosta, Vicente Serra, Eduardo Dalmau.

PROVINCIAS DE ULTRAMAR

D. Eulogio Prieto, Tomás de Oña, Juan J. Garay, Celestino Cuervo.

EUROPA

M. P. G. Leymarie. — *Paris.*
» Edouard Troula. — *Condom (Gers).*
» Alphonse de Martin. — *Castel du Parc Royal.*
Eg. Cav. Efisio Ungher. — *Roma.*
Dr. Giovanni Hoffman. — *Roma.*
Pr. Ercole Chiaia. — *Nápoles.*
Dr. Giovanni Succi. — *Florencia.*

AMÉRICA

D. Ramón Maynadé. — *Santiago de Chile.*
» Francisco Moragas. — *San Luis de Potosi.*
» Pedro Fortoult Hurtado. — *Venezuela.*
» Rafael de Zayas Enriquez. — *Orizaba-México.*

NOTA. — Dos representantes de Ultramar no alcanzaron á las primeras sesiones, y el de Orizaba llegó cuando habían y a terminado.

Une réunion préparatoire avait eu lieu le 8 septembre, à 4 heures, présidée par M. le vicomte de Torres Solanot. Sont notées : toutes les sociétés, les journaux adhérents et le nom des délégués; décision par laquelle, en séances publiques, on respectera toutes les écoles philosophiques et toutes les commissions religieuses; les orateurs seront désignés à l'avance, ainsi que les présidents de ces séances publiques.

Immédiatement on procéda à la nomination de la présidence définitive du Congrès et du bureau.

Président honoraire :

M. José Maria Fernandez, président honoraire de la commission organisatrice.

Présidents :

M. le vicomte de Torres-Solanot, président de la commission organisatrice.

M. Pierre-Gaëtan Leymarie, représentant de la « Société scientifique du Spiritisme de Paris » continuatrice de celle que fonda Allan Kardec.

Cavaliero Efisio Ungher, de l' « Académie internationale » de Rome, directeur du journal *Lux*.

Docteur Huelbes Temprado, vice-président de la Société spirite espagnole.

Vice-présidents :

Mme Amalia Domingo y Soler, fondatrice et directrice du journal *La Lumière de l'avenir*.

Docteur Hoffman, de l'Académie internationale de Rome.

M. Facundo Usich, président du « Centre Barcelonais d'Études psychologiques » et vice-président de la commission organisatrice.

M. Miguel Vives, président de la « Fédération spirite du Vallès et vice-président de la commission organisatrice.

Secrétaires :

Docteur Manuel Sanz Benito, de la « Société Spirite Espagnole ».

M. Eulogio Prieto, président du « Centre le Sauveur » de Sagua-la-Grande (Cuba).

M. Narciso Moret, du « Centre de Gerona ».

M. Modesto Casanovas, du « Centre Barcelonais » et de la commission organisatrice.

Pour exposer la doctrine dans la première séance publique, on désigna M. Huelbes Temprado, M. Leymarie et le docteur Ozcariz.

première séance publique du 8 septembre 1888.

A neuf heures du soir, le grand salon où l'on tenait la séance se trouvant complètement plein, M. le vicomte de Torres Solanot occupa la présidence, ayant à sa droite Mme Amalia Domingo y Soler, M. Miguel Vives et M. Antoine Vives ; à sa gauche, M. Facundo Usich, M. Sébastien Roquet, M. José Maria et M. Lopez, de la commission organisatrice.

M. le président ouvrit la séance et le secrétaire, M. Lopez, lut le mémoire de la commission organisatrice du Congrès international spirite.

Après avoir parlé de la tendance, dans tous les pays, à se réunir en congrès, pour généraliser le savoir humain, M. Lopez continua ainsi et nous ne donnons que quelques passages de ce rapport :

Le Centre d'Etudes psychologiques de Barcelone croit à la nécessité du congrès international spirite, pour démontrer la vitalité de l'idée nouvelle, faire une manifestation spirite publique et solennelle, et s'organiser pour donner un puissant essor à la propagande de la sublime doctrine des Esprits exposée par Allan Kardec.

C'était une entreprise colossale que de régler le premier congrès international spirite pour notre Exposition Universelle dans le même lieu où, il y a 27 ans (octobre 1861) la main du bourreau brûlait une grande quantité d'œuvres spirites.

Le Centre d'Etudes psycologiques de Barcelone a pris l'initiative de l'idée, l'a fait connaître à toutes les associations, à la presse périodique spirite d'Espagne, au moyen de sa circulaire du 5 janvier de cette année, convoquant nos frères à un congrès préparatoire dont les bases étaient notées, avec prière aux spirites espagnols de lui prêter leur adhésion et leur concours.

Le 26 février le Congrès national préparatoire se réunissait dans cette ville capitale, et le « Centre de Barcelone »; pauvre en forces mais riche en volonté et en désirs, il eût l'immense satisfaction de voir réunis les représentants du Spiritisme espagnol au théâtre de l'Olympe de cette ville.

L'acte imprimé de la session, qui circule maintenant, contient les décisions prises au Congrès spirite national préparatoire, lequel résolut la célébration du Congrès international qui devait se réunir le 15 juillet pour faire une manifestation solennelle de la philosophie fondamentale spirite, suivant les principes contenus dans les œuvres d'Allan Kardec, et par l'établissement de relations mutuelles entre toutes les collectivités coréligionnaires du monde, l'œuvre d'organisation exigeant le progrès considérable et toujours croissant du Spiritisme.

Le Congrès préparatoire mit fin à ces longs et laborieux travaux, en nommant une commission *exécutive* qui devait tout *organiser*; elle considère ses pouvoirs comme terminés, et son but rempli, après avoir rendu compte de sa gestion jusqu'à la réunion de cette assemblée.

Notre commission est persuadée qu'en travaillant à l'idée du premier congrès spirite international, elle a préparé ceux qui doivent le suivre, à compter, peut-être, de celui de l'Exposition Universelle de Paris, en 1889, congrès indiqué par des mémoires de nos frères; il sera le second, comme ordre de date, mais le plus important que doivent célébrer les spirites; en travaillant, nous le répétons, pour cette idée, nous coopérions à la grande œuvre de propagande des principes fondamentaux de l'existence de Dieu, de l'immortalité de l'esprit, de la pluralité des mondes habités, de la pluralité des existences de l'âme, du progrès indéfini, de l'affirmation que la philosophie du Spiritisme doit toujours s'appuyer sur la science et la raison pour rendre à l'humanité la foi perdue; nous ne parlons pas de la foi aveugle, mais de celle qui ouvre les yeux de l'intelligence.

Le secrétaire M. *Roquet* lit la liste des adhésions reçues jusqu'à l'ouverture de la séance.

M. le président reçoit deux adhésions, l'une des spirites de Rouen, l'autre de ceux de Nimes, aussi les télégrammes suivants :

« Saragosse, 8, 5 h. 50 soir.

M. le vicomte de *Torres-Solanot* (Barcelone).

La « Société des Etudes Psychologiques » de Saragosse salue avec enthousiasme le Congrès spirite et lui souhaite un complet succès.

Le président, Fabian *Palasi*. »

« Bains de Lesma, 8, 10 h. 40 du matin.

M. le vicomte de *Torres-Solanot* (Barcelone).

« Je félicite la commission organisatrice, et salue cordialement le Congrès. »

Anastasis Garcia Lopez.

M. le président.—« L'Académie internationale spirite de Rome, outre son adhésion et sa représentation distinguée, a honoré les membres de la commission organisatrice du titre de sociétaires ;

les diplômes sont de précieuses gravures, et j'envoie à l'Académie internationale spirite de Rome le témoignage de gratitude de la commission organisatrice.

« Le digne président honoraire de la commission organisatrice, l'infatigable propagandiste, fondateur et directeur de la *Revue des Etudes Psychologiques*. M. José-Maria, M. Fernandez, ne peut à cause de son âge et de son manque de santé, assister personnellement aux séances, il me prie de vous dire que sa volonté et son esprit sont avec nous ».

M. *le vicomte de Torres-Solanot* invite Messieurs les présidents, et secrétaires définitifs du Congrès à occuper leurs places, et cède la présidence au docteur Huelbes Temprado.

Le Président. Il est d'habitude, Mesdames et Messieurs, que le président vous remercie pour l'honneur reçu ; je ne remercie pas, car je suis le dernier d'entre vous et n'occupe ce fauteuil que pour représenter le Spiritisme espagnol de cette vaillante société ; permettez-moi ce mot : *vaillante*, car depuis cinq lustres elle tient haut levé le drapeau de notre idéal, à travers l'indifférence, la persécution et le ridicule. Ce drapeau impérissable, toujours victorieux dans la lutte des idées, je me mets dans ses plis pour inaugurer cet important Congrès, le premier pas et le plus transcendant pour la rénovation de la Société terrestre.

Permettez-moi avant de vous parler de ce qui doit être traité, d'adresser des paroles de remerciement à la noble ville qui nous accueille, l'asile de toutes les idées généreuses ; je remercie les autorités qui permettent cette réunion et donnent une preuve patente des progrès du siècle dans lequel nous vivons, lorsque notre infortunée patrie nous manifeste encore sa répulsion! Cependant que voulons-nous? simplement placer les jalons du progrès. Que les autorités barcelonaises reçoivent les hommages des représentants du Spiritisme, aujourd'hui plus énergiques que jamais, parce que, l'exemple de vitalité et d'énergie donné dans cette Exposition présente, et la sympathie pour nous, démontrent scientifiquement au monde latin la véritable voie de son existence progressive.

Dans cette période de ruine et de destruction, peut-être plus grandes que durant les grandes révolutions, les anciennes idées sont tombées ou brisées; non seulement les puissants, les savants, les princes de l'intelligence, ceux qui doutent et ceux qui affirment, mais les petits aussi, les humbles désirent qu'on leur enseigne la vérité pour croire et mieux sentir. Pour cette fin nous ne nous bornons pas à bercer dans notre âme, comme un enfant trop faible, la vérité qui nous fait vivre, la foi rationnelle qui nous soutient dans la lutte constante du progrès, mais nous voulons encore la présenter à vos yeux, afin que par elle vous puissiez consciemment être comme nous heureux et confiants. Tel est le but du présent Congrès. (*Applaudissements*).

Le Congrès est donc le premier et chaud rayon intellectuel qui doit illuminer les âges futurs, parce que la vérité est l'unique route qui conduit à Dieu. Notre doctrine eût peut-être dû accepter un autre nom, plus en harmonie avec sa tendance, mais des raisons historiques nous poussent à ne pas le changer; nous prétendons synthétiser et systhématiser toutes les vérités connues jusqu'à ce jour, et aussi, celles qui peuvent être découvertes dans la suite, celles qui furent démontrées par les écoles quant à un Être unique, Dieu.

Les écoles matérialistes et spiritualistes démontreront un jour à l'âme humaine, et au monde, ces vérités dont les rationnellistes ou positivistes modernes cherchent les preuves dans leurs étroites synthèses, car ils trouveront dans notre doctrine un champ de recherche illimité, puisqu'elle est éminemment progressive.

Pour nous il n'y a pas, il ne peut avoir opposition ni contradiction aucune entre l'étude de Dieu, de la matière, de l'esprit et de l'humanité, parce que l'humanité, l'esprit, la matière et Dieu coexistent dans l'Univers; nous l'expliquons en le démontrant d'une manière rationnelle. (*Grands applaudissements.*)

Avec cette ferme conviction, nous arriverons au but, parce que, notre espoir ne peut être vain; il n'est qu'une promesse de la vérité future. Nous arriverons à constituer la science unique, la science humaine, seule arme capable de renverser ce qui existe; destruction nécessaire et précise, parce que, dans le fond de nos âmes, il reste encore un souvenir confus de nos existences antérieures; ce souvenir se fonde sur ce que l'on appelle réminiscence, aptitudes innées, sympathies ou antipathies, toutes choses injustes si elles n'étaient gratuites. Ainsi pour nous élever au progrès futur, vers lequel notre constante aspiration nous porte avec une force irrésistible, nous devons détruire les barrières actuelles, égoïstes, qui s'élèvent entre l'intelligence et le cœur.

Avec l'espace infini, et les mondes innombrables comme échelons nécessaires à notre progrès, avec le temps sans fin pour réaliser entièrement notre sublime essence, rien ne saurait retenir ni atténuer les saintes et nobles aspirations de toute âme généreuse, lui fermer le sentier lumineux de son avenir, et celui du progrès indéfini, si je dois croire en mon cœur et en ma raison définie. (*Applaudissements prolongés.*)

Nous sommes les Rois du temps et de l'espace, maîtres de l'Univers ; quelque chose comme un reflet lointain d'un être plus élevé, plus grand, que toutes les religions ont appelé Dieu. Nous trouvons toutes les religions mesquines, et tâchons de les exiler de la conscience humaine, parce que nous avons la conviction que notre croyance est la plus *religieuse* de toutes les doctrines connues. Nous voyons que connaissant Dieu il est possible de l'aimer comme cet Être le mérite ; nous croyons que toute vertu, toute science, tend à purifier cette connaissance, et que, par elle, et avec elle, nous savons comment nous devons l'adorer, de même que pour Lui, de Lui et dans Lui, nous existons. (*Applaudissements.*)

Appréciez donc la franchise, la sincérité, le bon sens avec lesquels nous allons vous présenter nos croyances. Et quand nous abandonnerons cette pauvre planète, nous nous retrouverons dans les profondeurs de cet univers qui se déploie aujourd'hui sur nos têtes, tout constellé comme une énigme vivant ; quand nos âmes vibreront à nouveau, au contact d'une vérité, rappelez-vous cet instant, rappelez-vous que nous sortons d'ici comme Frères, non seulement de nom, mais aussi de cœur et de volonté. J'ai dit. (*Grands applaudissements.*)

M. le secrétaire, M. *Sanz y Benito* lit le mémoire suivant :

LA SOCIÉTÉ SPIRITE ESPAGNOLE AU CONGRÈS SPIRITE INTERNATIONAL.

Respectables et chers frères, salut : Permettez que notre première parole, en recevant dans notre patrie les représentants du Spiritisme des différents points de notre planète, soit pour manifester la joie que nous cause un évènement si heureux, tant parce qu'il nous permet de voir et d'embrasser nos frères, que parce que, une nouvelle phase de la propagande de notre doctrine s'inaugure, laquelle, grâce à votre savoir et à votre expérience doit nous donner de grandes facilités, et à l'humanité terrestre des félicités inespérées.

Nous saluons avec grand plaisir et gratitude les spirites catalans qui ont pris à cœur l'heureuse idée de ce Congrès; nous leur sommes redevables de tout le bien que nous ferons collectivement.

Cette satisfaction remplie, nous plaçant sous les inspirations que notre amour traditionnel pour la doctrine et pour l'humanité nous inspire, ainsi que sous l'aide de nos puissants protecteurs désincarnés nous allons formuler notre humble opinion.

Il y a quarante ans que le Spiritisme a pris acte de naissance en Europe, et l'on s'étonne, en le considérant avec impartialité, qu'il ait progressé comme doctrine et fait une propagande si fructueuse.

L'étonnement augmente, en constatant que sa virtualité est évidente, en considérant ses commencements à l'époque de son apparition.

Des faits insolites, inexplicables devant la critique rationnelle comme devant la critique positiviste, surprirent ceux qui, après une observation profonde et suivie, déduisirent que, si les objets inertes acquièrent un mouvement sans l'aide d'un agent impulseur connu, et que si ces mouvements correspondent à une volonté manifeste, il devait y avoir un agent psychique en relation avec les choses et les personnes.

Cette vérité nouvelle est une vérité incontestable, puisqu'elle vient de l'observation expérimentale ; elle est une vérité transcendante, parce qu'elle démontre expérimentalement l'existence de l'élément humain, pour lequel les métaphysiciens spiritistes ont livré tant de combats dans tous les temps historiques sans obtenir une victoire décisive. Nous partons de cette hypothèse que, si on pouvait arriver à l'affirmation rationnelle de l'esprit dans ses nombreuses manifestations, cette affirmation émousserait les armes avec lesquelles les autres écoles doivent la combattre.

Une fois de plus, dans le monde, un fait qui paraissait insignifiant donnait corps et vie à l'idée.

Du mouvement d'un meuble venait de naître toute une nouvelle philosophie, comme d'autres faits ordinaires avait surgi la théorie de l'attraction universelle.

Mais sa rapide propagande surprend autant que sa naissance.

Né chez le peuple le plus mercantile et le plus positif de la terre, il se transporta sur le vieux continent, au moment où la politique, le commerce, l'industrie, l'agriculture et toutes les relations sociales sortaient de leur centre naturel par le manque d'équilibre.....

Malgré ces profondes préoccupations, et peut-être par le vide qu'elles produisaient dans l'ordre moral un grand nombre d'esprits fatigués d'une lutte aussi tenace qu'infructueuse, acceptèrent la nouvelle idée comme une planche de salut dans le naufrage social dont ils étaient menacés.

Comme chaque fois que les progrès matériels s'imposent, l'abaissement moral tend à détruire les bases de l'ordre social, la doctrine de rédemption qui paraissait synthétiser les désirs et les aspirations de l'humanité indiquait une nouvelle voie aux idées philosophiques.

. . . .

En discutant et en luttant continuellement, les connaissances scientifiques se sont étendues et ont rendu nécessaire la fondation d'une philosophie rationnelle, qui unisse et synthétise la science, qui conduise le sentiment religieux vers des conceptions plus élevées, afin que, de cette conception supérieure et de cette harmonie, sorte naturellement le concept moral qui doit améliorer les conditions sociales.

Il est donc indispensable qu'à ce travail concourent tous les investigateurs et toutes les sciences; il faut y faire participer tous les esprits qui, sans intérêt et avec bon vouloir, travaillent à la régénération et au progrès de tous les peuples.

Et comment n'en serait-il pas ainsi ? Qui osera dire : telle idée m'appartient absolument, cette doctrine dans son intégrité est notre œuvre ?

Quel est l'homme dans le cerveau duquel se trouve le moment initial d'une idée, sans racine ni précédent dans toute autre pensée ?

Dans le cadre synoptique du Spiritisme, l'unique conquête positive d'où partent tous les principes hypothétiques, c'est la preuve réelle et tangible de la persistance de l'esprit. Par conséquent tous ceux qui admettent ce fait ou même seulement sa possibilité, induisant rationnellement le fait même par la nature des causes, doivent être considérés comme collaborateurs dans cette œuvre de régénération et de propagande scientifique.

Tous les esprits réfléchis savent parfaitement que la justice règne et prospère où le devoir s'accomplit ; que les religions ne sont pas une série d'actes purement externes, sans conscience des rites et sans véritable sentiment religieux.

De là, ceux qui admettent la raison comme fondement du progrès humain et du développement social, sont très près d'admettre l'autorité de la loi morale basée sur l'accomplissement du devoir avec soi-même et envers toutes les créatures.

Ceux qui ne suivent que leur propre raison sont en désaccord avec les dogmes et les préceptes religieux, et le sont aussi pour transiger avec les pratiques qu'impose le devoir moral et pour admettre un concept supérieur dans les relations entre l'homme et le Créateur.

Tous ceux qui ont abdiqué les pratiques religieuses par calcul ou par ignorance et vivent dans le scepticisme, ont une période de temps dans laquelle le sentiment de bonté et de justice se révèle à leur conscience; ils désirent alors s'unir étroitement avec l'humanité, avec l'univers et les choses pour eux inconnues, qui produisent l'harmonie et le concert du monde qu'ils ne comprenaient pas avant, dont ils ne jouissaient pas et auquel ils n'exprimaient aucune reconnaissance.

. . . . , ... , ...
. . . .

Tous ces êtres que nous pourrions confondre dans un groupe, en une classe de notre humanité, se trouvent en état de nous écouter, et peut-être de nous comprendre, pour franchir les portes du tombeau; nous savons qu'ils se rappelleront nos principes rationnels et se réuniront à ceux qui les précédèrent pour fortifier et étendre cette atmosphère spirituelle avec laquelle on pousse et dirige les générations successives vers leur amélioration morale et leur bien-être matériel.

Quant aux masses qui obéissent passivement à ceux qui sont chargés de diriger leur conscience et tous les actes de leur vie, il est besoin de peu d'efforts pour qu'elles se mettent sous l'égide des lois les plus justes, les plus équitables, qu'elles respecteront; elles considèreront comme des rédempteurs ceux qui les sauveront de l'esclavage de l'ignorance, qui améliorent leur condition sociale. Il ne faut pas douter qu'entre ces classes il existe des esprits voués à l'épreuve et à l'expiation, avec l'aptitude et les facultés suffisantes pour comprendre leurs devoirs et élever leur niveau moral, quand ils peuvent utiliser sans danger les difficultés latentes de leur intelligence.

Cependant ceux-ci même, comme tous les esprits sans
exception, sur la terre, dans l'espace, dans l'infini des mondes
peuplés d'êtres pensants, ont une mission à remplir. Nous nous
considérons supérieurs à beaucoup de nos frères, comme aussi
nous avons besoin de l'aide et de la protection d'autres esprits
supérieurs.

C'est que la solidarité universelle n'est pas seulement une
série de relations de sensation, mais aussi une copénétration de
l'intelligence et du sentiment, dans laquelle sentent, se meuvent
et s'agitent toutes les consciences, pour contribuer au bien et
au progrès, quand elles font des œuvres méritoires ; elles font
tort à leur progrès individuel, quand, d'une façon quelconque,
elles s'opposent aux fins voulues par le devoir solidaire et l'activité transcendante de leurs actes et de leurs pensées.

Nous ne pouvons donc, nous le répétons, revendiquer d'autres
droits que la preuve expérimentale de l'immortalité de l'âme ;
cela est très important, attendu que d'elle, directement et rationellement, résultent le progrès indéfini, individuel, collectif et
les incommensurables phases de l'existence matérielle ; il en
résulte aussi dans les régions incommensurables de l'espace,
l'habitabilité des mondes infinis qui le peuplent et la solidarité
matérielle et spirituelle de tous les êtres entre eux et de tous les
mondes habités.

Mais il est aussi certain que, sur cette seule affirmation du
fait expérimental en ce qui correspond à l'âme, à ses facultés et
attributs, on peut élever un grand édifice scientifique modifiant
le sens philosophique, afin de diriger le sentiment vers la vérité
infinie, vers le principe absolu, vers la cause unique, vers l'Être
infini, cause efficiente de tout ce qui *est* et se développe universellement.

Ces précédents donnés, il s'en suit, et nous l'avons indiqué,
que le *Spiritisme espagnol* considèrerait comme exact, d'attribuer aux travaux spiritistes et même à la révélation elle-même,
avec le caractère scientifique et universel qu'elle a aujourd'hui,
tous les progrès réalisés jusqu'à ce jour, lesquels appartiennent, en premier lieu, aux travaux accumulés, à la totalité des
actes et efforts des générations antérieures. Ce sont elles qui
avançant toujours, s'abîmant et se relevant, paraissant et dis-

paraissant dans les civilisations, suivant que les esprits plus avancés animant les peuples, sont arrivés à la hauteur scientifique où se trouve une partie, quoique malheureusement petite, de l'humanité terrestre.

Avec cet exposé nous signalerons les points qui, suivant notre humble opinion, pourront être l'objet des débats du Congrès, et de l'esprit de tolérance qui doit y présider, ce en quoi nous sommes heureusement tous d'accord.

Nous combattons toutes les écoles étroites et exclusivistes en philosophie, en morale et en religion, surtout la voie qu'elles suivent, afin d'être larges et tolérants envers tous ceux qui ne nient pas le principe fondamental de notre doctrine ; sur cette vérité universelle qui embrasse tous les ordres possibles du savoir dans les sphères de la science, étendons la philosophie rationnelle, la science unique, la morale universelle et la véritable religion laïque qui n'est et ne doit être l'exclusion d'aucun acte, d'aucune expression de respect, de considération et d'amour envers l'Être Suprême.

Notre religion doit tendre, dans sa forme et sa manifestation, à nous identifier avec le bien envers toutes les créatures, à élever nos sens vers la perfection infinie, réalisant toujours, en ce qui est possible, toutes les perfections qui doivent nous conduire à la beauté et à la vérité que nous sentons, quoique d'une manière rudimentaire, sous l'influence de l'infini et de l'absolu, vers lequel on ne va que par l'amour de la science.

Nous ne devons pas terminer cette tâche sans adresser un filial et sincère souvenir à l'esprit élevé du fondateur de notre doctrine.

La planète dans sa marche vertigineuse, les idées dans leur constante évolution progressive, la science, la philosophie et la religion sont cultivées et améliorées; elles pourront s'éloigner tellement de leur point d'origine qu'on ne les reconnaîtra plus, mais sur la première apparition du Spiritisme, s'élèvera perpétuellement le nom sympathique et glorieux de Kardec; si, comme toutes les œuvres humaines, la sienne est imparfaite, et ne constitue pas un édifice que le temps et les générations seuls peuvent bâtir, elles sera, du moins, la fondation sans laquelle édifice n'existerait pas.

Gloire à Allan Kardec, et quand dans nos élucubrations philosophiques nous aurons à reconnaître et à confesser le progrès dû à d'autres hommes, étouffons dans son germe toute manifestation de dédain, et n'ayons que des paroles de bon souvenir et de gratitude pour le Maître.

Si le Congrès le constate ainsi, il fera un acte de justice dont sûrement tous les esprits lui seront reconnaissants.

Si, s'inspirant des conseils mêmes de Kardec, dans la douceur de ses paroles, dans la tolérance de sa pensée, dans l'amour de son cœur et dans la rectitude de sa conscience, le Congrès ouvre les portes de notre doctrine, et attire tous les hommes; s'il donne une large base à la fraternité des idées, exigeant seulement la communité ou la parité de la pensée dans les seuls principes que nous avons signalés ; l'éternité de l'esprit, la préexistence et la réincarnation terrestre, sans limite antérieure ni postérieure, parce que, de ces vérités découlent avec une logique incontestable tous les autres principes, le Congrès aura établi sur une base solide la propagande, le progrès et la fédération à laquelle nous aspirons tous.

Quant à l'établissement d'un centre de *direction* et *de consultation*, il serait résolu *ipso facto*, si l'on adoptait une forme quelconque de fédération ; quant à ses facultés comme conseil, cette société, d'accord avec tout ce qu'elle vient d'exposer, opinerait qu'on doit propager dans tous les centres, les expériences et les observations que chacun communiquera, et les questions faites, au moyen d'une publication périodique, soit celle qui existe dans la localité où cette fédération réside, ou bien dans celle qui se fonderait à cet effet ; on se réunirait, si le Congrès le juge ainsi, en assemblées générales aux époques qui seraient fixées, lesquelles auraient pour but principal de proclamer, sans forme dogmatique, et avec toutes les précautions que l'instabilité des idées exige, les nouvelles lois découvertes et la discussion des hypothèses formulées.

Tel est le vote de la Société spirite espagnole et ce faisant, pour la prospérité de tous ses frères; elle attend le résultat du Congrès, confiant dans son succès, avec l'aide des bons esprits.

LA SOCIÉTÉ SPIRITE ESPAGNOLE,

Pour absence du Président,
JOAQUIN DE HUELVES.

La parole est donnée à M. P. G. Leymarie.

M. Leymarie : Vous me demandez, Messieurs, de dire à l'assistance ce qu'était Allan Kardec, ce que fut son existence et comment les spirites doivent caractériser son œuvre ; vous me prenez un peu au dépourvu, car en venant à Barcelone et ne connaissant pas votre belle langue espagnole, je n'avais point l'idée que je dusse m'exprimer devant une nombreuse assistance qui ne comprendrait pas mes paroles. Je vais donc discourir en français, mais il me manquera cette chaleur communicative donnée à l'orateur par un auditoire qui saisit toutes les nuances en les soulignant.

Allan Kardec était le fils d'un magistrat de la Cour d'appel de Lyon (France), nommé Rivail ; ce magistrat, homme instruit et intelligent, désirait que son fils, Hippolyte Denisard, devienne un érudit, un homme pratique, capable dans la vie de faire face à toutes les situations.

En conséquence ce fils sur lequel il basait de sérieuses espérances fut placé chez le célèbre professeur Pestalozzi, à Yverdun, (Suisse), lequel avait rénové les formes pédagogiques, et dont le nom était connu dans le monde entier. Hyppolyte Denisard Rivail, élève studieux, correct, assidu, à l'esprit froid mais supérieur, devint le meilleur élève de Pestalozzi et pendant les absences nécessaires de ce maître, le jeune Rivail le suppléait en dirigeant tous les cours de sa célèbre maison d'éducation et de pédagogie.

C'est à Yverdun que le futur Allan Kardec avait puisé l'esprit d'ordre, de synthèse nécessaire aux vastes élaborations intellectuelles et matérielles, aussi la logique si remarquable avec laquelle toutes ses œuvres sont déterminées.

Quant à l'amour de ses semblables et le désir d'une rénovation sociale sage et pratique à leur profit, le jeune Rivail avait apporté ces qualités dans son moi conscient, comme résultat des images recueillies dans ses vies successives, images toujours soigneusement et judicieusement triées par lui avant chaque nouvelle existence terrienne.

Vers 1830, le futur fondateur du Spiritisme s'installait à Paris, rue de Sèvres, et fondait un institut scientifique où il enseignait avec méthode et d'après les principes de Pestalozzi ; ces cours supérieurs eurent une grande vogue jusqu'en 1840, époque à laquelle des discussions avec un associé maladroit le forcèrent à abandonner cet établissement.

M. Rivail était alors réputé comme un excellent grammairien et linguiste ; il avait donné à la France des éléments pour une meilleure direction de l'enseignement pédagogique ; bachelier ès science, ès lettres, il connaissait, sauf le russe, toutes les langues parlées en Europe ; il avait fait son cours complet de droit et de médecine et avait été couronné par plusieurs académies ; il était devenu puissant magnétiseur car la science de Mesmer l'intéressait.

Il eut une phase d'épreuves, après avoir quitté son établissement de la rue de Sèvres dans lequel il avait placé tout son avoir et celui de sa femme si dévouée ; pour réparer ces désastres, il composa des grammaires, des cours spéciaux pour examens au professorat ordinaire et supérieur, et avec Lévy Alvarez, il créa des leçons complètes pour l'instruction et l'éducation des jeunes gens des deux sexes, leçons si parfaites que les cours de Lévy Alvarez ont eu la plus grande vogue à Paris jusqu'à la mort de cet homme de bien.

Les ouvrages pour l'enseignement de M. Rivail ont eu une vogue énorme de 1840 à 1860 ; sa grammaire et son arithmétique furent acceptées dans toutes les maisons respectables qui donnaient une instruction sérieuse.

Dès 1850, à Paris, des hommes éminents s'occupèrent des phénomènes du spiritualisme importés des États-Unis ; jusqu'en 1855 et pendant cinq ans, ils s'étaient livrés à des investigations très sérieuses et suivies à l'aide de médiums typtologues, voyants, somnambules, auditifs et psychographes ; de leurs rapports avec les âmes des soi-disant morts, ils avaient conclu ce fait important et positif : l'immortalité de l'âme et sa puissance de communication avec les vivants de la terre.

Ne pouvant donner un esprit de suite à leurs procès-verbaux de séances, ni classer les communications reçues pendant cinq ans avec l'ordre voulu pour en faire un tout complet, ces investigateurs, hommes de lettres, académiciens ou aspirants à le devenir (et ils le sont devenus), s'adressèrent à M. Rivail le professeur éminent ; ce dernier, après quelques réticences et résistances, se rendit enfin compte de la véracité des phénomènes dont il avait souri tout d'abord. Le doute est scientifique et M. Rivail avait commencé par là. Il se refusait, vu ses nombreuses occupations, à se livrer à un long travail d'élaboration, d'élimination et de synthèse, mais entraîné par les premiers résultats de ses investigations, et s'étant parfaitement rendu compte de leur importance quant à la révélation d'un monde nouveau, d'une philosophie sublime en accord avec le bon sens et la raison, il se voua à un dur labeur de compilation, car on lui avait livré les dossiers nombreux et volumineux des séances pendant cinq ans.

Avec son esprit de suite, son intelligence élevée et active, sous l'impulsion d'une ferme volonté, pendant un mois, il classa méthodiquement chaque communication ou procès-verbal, plaçant aux sections a, b, c, etc., tout ce qui leur appartenait respectivement ; puis il fit la révision de chaque section, en élimina les redites, les pages inutiles et constata les nombreuses solutions de continuité qui existaient entre certaines demandes adressées aux esprits, et leurs réponses ; habitué à la précision de l'enseignement de Pestalozzi, il adressait des questions franches et nettes aux invisibles sur ces solutions de continuité. Les réponses reçues, enregistrées si elles étaient en accord avec le bon sens, étaient soumises à d'autres médiums ; par cette investigation continue et méthodique, on eut un criterium sérieux et constant. Ces réponses rationnelles remplirent les solutions de continuité, ce fut l'avis du groupe de savants qui s'étaient adjoint une aussi précieuse recrue.

C'est ainsi que fut élaboré le premier livre des esprits, grand in-8, sur deux colonnes à la page ; Allan Kardec (ce nom lui avait été donné par les guides de groupes divers), attendait avec anxiété l'effet que ferait sur les lecteurs la venue de ce premier livre sur le Spiritisme ; que dirait la presse ? et le professorat ? et les catholiques et les protestants ? Le volume fut vivement critiqué, ou condamné, mais il s'écoula rapidement.

Une Société d'études psychologiques fut alors créée. M. Rivail (Allan Kardec) en fut le président ; il la dirigea avec une grande prudence, une sagesse pleine d'énergie, recueillit de nouveaux éléments et en 1858 parut son nouveau livre des Esprits, revu, corrigé et augmenté, le format in-12 actuel ; puis la Revue spirite, revue mensuelle que vous connaissez tous, qui n'a jamais cessé sa publication depuis 31 ans, parut le 1er janvier 1858.

Dès lors Allan Kardec, mis en rapport avec les penseurs du monde entier, dut tenir tête à une correspondance énorme ; il avait des visites continuelles, et ses séances hebdomadaires et ses œuvres en vue à préparer, occupations multiples auxquelles il fit face en écrivant 16 et 18 heures par jour.

Il y a actuellement trente-quatre éditions du livre des Esprits en français, œuvre traduite, qui se lit partout avec fruit, dans toutes les langues européennes; le Livre des Médiums, celui de l'Evangile selon le Spiritisme, le Ciel et l'Enfer, la Genèse, le Qu'est-ce que le Spiritisme, le Spiritisme à sa plus simple expression, le Résumé des Phénomènes spirites, le Caractère de la Révélation spirite, parurent tour à tour, et leurs éditions respectives ne se comptent plus.

Dans ces volumes divers que les peuples étudient avec charme et avec profit, la doctrine est présentée méthodiquement, simplement, avec une clarté et une logique sans égale. Le maître en Spiritisme se promettait de toujours les modifier en allant, pour les mettre en accord avec les découvertes scientifiques nouvelles; c'est ce qu'il a fait continuellement, principalement pour le deuxième tirage de la Genèse.

La presse légère ou intéressée, les folliculaires ont attaqué Allan Kardec avec acharnement, imitant en cela le mot d'ordre donné aux catholiques romains de ridiculiser nos doctrines, et de faire prouver, au nom des dogmes chrétiens et du rituel que le démon avait affaire aux médiums ; le pape condamnait la communication entre les vivants et les morts, il excommuniait Allan Kardec et les spirites, il anathémisait la réincarnation et cette science diabolique qui menaçait l'infaillibilité papale et la stabilité de son église.

Le Spiritisme émanation du monde des désincarnés, avouait qu'il ne reconnaissait pas un Dieu personnel, jaloux et vindicatif, le père du miracle, et que, pour se faire une véritable idée de Dieu, il fallait se persuader que dans l'univers infini, il n'y avait, à l'infini, qu'un fluide universel intelligent dont les plus petites parties de la création étaient saturées, que chaque atome de ce fluide possédant la pensée et les attributs essentiels à la divinité, et ce fluide étant partout, tout était soumis à son action intelligente, à sa prévoyance, à sa sollicitude, qu'il n'était pas un être, si intime qu'on le supposât, qui n'en fût en quelque sorte saturé.

De plus, le Spiritisme affirmait que les âmes avaient leur libre arbitre et s'incarnaient sur une terre telle que la nôtre pour s'intelligenter, qu'elles pouvaient y faire librement le bien ou le mal, et que, inéluctablemet le mal devenait pour les âmes une cause de souffrance, que le bien satisfaisait toutes leurs aspirations réunies; que le bien les attirait fatalement et logiquement, le bien seul étant en accord avec la raison et la justice immanentes dans ces âmes.

Le Spiritisme établissait que les âmes ont le temps pour elles, aussi les vies successives ; il constatait que les êtres de la terre qui les porte n'auraient pu être réalisés qu'après une série énorme de siècles, et que l'homme était le couronnement de la vie animale par la création de ses organes nettement caractérisés pour servir admirablement l'âme qui pense, veut et se manifeste à l'aide de l'outil perfectionné mis à sa disposition.

Le Spiritisme estimait qu'une chaine indiscontinue reliait corporellement toutes les espèces et genres, et que chacun d'eux se reproduisait fatalement, après sa mort, dans un chaînon immédiatement supérieur de ce processus de la vie. A l'aide de ces vies successives, les âmes acquéraient plus d'instinct, plus d'intelligence, plus de conscience, de raison et d'esprit de justice. Le Spiritisme, enfin, établissait scientifiquement que les âmes revivaient sur la terre en s'y réincarnant.

Comme conséquence, le Spiritisme répudie actuellement le Dieu fantaisiste de la grâce et du miracle, avec son enfer peuplé de démons ; pour lui le Christ est une âme semblable aux autres âmes, responsable de ses actes, qui dans ses vies nécessaires a su recueillir plus que d'autres les notions du vrai, du beau, du bien, du juste; ces âmes avancées, intelligentées par un long travail sur elles-mêmes, enseignent ce qui est infailliblement vrai, c'est-à-dire, la libre recherche de la vérité, l'exercice de la solidarité et de la responsabilité des actes, et que l'homme possède une valeur effective si tous ses actes convergent vers ce noble but : Le progrès de l'humanité, l'harmonie et la fraternité dans la famille, dans la nation, dans l'ensemble des peuples.

Le Spiritisme est anti-dogmatique en ce sens qu'il répudie le préjugé, les vains apparats religieux, l'ambition déréglée, la vanité puérile, la vieille théologie scolastique.

Pour avoir fait de chaque homme studieux un véritable investigateur, un penseur conscient, une âme libre et responsable qui sait choisir, Allan Kardec doit être vénéré par tous les spirites ; travaillons avec joie, et après avoir fini notre stage sur la terre, nous émigrerons sur d'autres planètes plus avancées, que le fluide universel intelligent meut avec harmonie, sur lesquelles nous acquérons plus de savoir et conséquemment plus de puissance.

Les hommes éminents de ce monde se sont occupés de Spiritisme, et tous ont rendu un hommage mérité au savoir bienfaisant d'Allan Kardec ; les personnes de tous sexes, dans les rangs les plus élevés de la hiérarchie nobiliaire, royale, scientifique, agricole et industrielle, comme dans les rangs populaires, après avoir lu les œuvres du maître, approuvent sa logique ; elles adoptent son enseignement comme base sérieuse du véritable progrès en science, en morale, en sociologie.

Dans ce monde spirite et spiritualiste créé par de puissants esprits, nous avons vu les Hare, les Zöllner, les Boutlerof, les Wagner, les Varley, les W. Crookes, les Russell Wallace, toute une légion de positivistes néantistes s'occuper du phénomène spirite pour en déclarer l'inanité ; la conséquence de leurs travaux de laboratoire sur ce sujet, auquel ils appliquaient la méthode scientifique rigoureuse, c'est la constatation d'êtres intelligents, indépendants, qui se manifestent et se matérialisent à l'aide des médiums.

Désormais il n'y a plus de miracles légendaires, puisque, dans le laboratoire des physiciens et des chimistes, une force psychique (nom adopté par les savants expérimentateurs), un esprit selon nous, endort le médium, lui prend sa substance et la concrète en un corps humain bien vivant avec lequel il agit, parle, voit et entend.

Toutes les expériences des chercheurs consciencieux deviennent ainsi une consécration des travaux effectués dans le monde par des hommes tels qu'Allan Kardec, ces éducateurs par excellence, ces amis de l'homme. Oui, dans l'univers infini, il n'y a qu'une substance universelle intelligente, infinie, une âme infinie qui se sert des corps plastiques pour se manifester; l'esprit qui meut un corps humain qu'il a librement choisi, avec lequel il a la notion exacte des choses, est une parcelle de ce fluide universel intelligent par lequel tout se meut et vibre harmoniquement, aussi bien un atome qu'un soleil, car ce fluide universel, le Grand Esprit, Dieu, est la raison et la justice absolue.

Allan Kardec mort corporellement le 30 mars 1869, nous reviendra plus viril, plus sage, plus intelligent encore, pour nous aider à poursuivre la grande œuvre dont il nous a révélé le mérite dans ces enseignements. Nous avons la garde de cette œuvre progressive, et c'est être un spirite loyal et fraternel que de l'aimer, de la parfaire sans parti pris, de la rendre accessible à tous les incarnés, en leur apprenant à la connaître judicieusement; en agissant ainsi, nous serons les dignes élèves de ce bienfaiteur de l'humanité. (*Applaudissements*).

M. *le Président.* — Après l'improvisation rapide et érudite de M. Leymarie, de la Revue spirite de Paris, le D' Hoffman, représentant l'Italie, devrait lire son discours en français, mais afin que deux discours de même langue ne se suivent pas immédiatement, remettons-le à demain ; Monsieur le docteur Ozcariz peut prendre la parole.

M. *Ozcariz.* — Mesdames et Messieurs, magnifique est l'horizon de Barcelone, la ville industrielle, marchande et maritime, qui écrit dans l'espace la parole *Progrès* par la fumée de ses fabriques; magnifique est son Exposition dans laquelle s'exhibent le talent de l'artiste et le triomphe de l'ouvrier.

Ici s'expriment toutes les idées, toutes les opinions ont leur essor, tous les talents leur sphère, toutes les nobles aspirations leur échelle ascendante, le travail sa dignité, la vertu sa consolation, l'honnêteté son amitié.

La mission que j'ai de vous adresser mes humbles paroles est grave, surtout après les brillants discours prononcés par d'éloquents orateurs. Je vois ici l'infatigable apôtre, l'écrivain inspiré du Spiritisme, M. le vicomte de Torres-Solanot; le D' Huelbes Temprado, orateur logique et profond, aussi érudit dans sa carrière littéraire qu'exact dans ses conceptions. Je vois ici M. Leymarie, représentant de la « Société scientifique du Spiritisme » de Paris, c'est-à-dire de cette nation qui a proclamé les droits de l'homme, de cette patrie de Victor Hugo, de ce centre géographique de l'Europe et de toute généreuse liberté. Ici, je vois les délégués d'Italie et, parmi eux, l'estimé D' Hoffman, de l' « Académie internationale spirite » de Rome, ville dans laquelle résonnèrent les lyres d'Horace, de Virgile, de Tibule et d'Ovide, et où Cicéron convertit l'éloquence en poésie oratoire. Les brises de l'Adriatique, qui baisent doucement les fleurs d'Italie, paraissent murmurer les noms de Dante, de

Pétrarque et du Tasse, de Bellini, de Donizzetti, de Rossini et de Verdi; quand on visite ses bibliothèques, on trouve Vico, Filangieri, Volta et Gaivani; quand le voyageur cherche les prodiges de l'art, il contemple le Vatican, la cathédrale de Milan et le théâtre Farnèse. (*Très bien. Applaudissements.*)

Si l'Exposition de Barcelone est admirable, elle n'est pas moins l'Exposition universelle de tous les systèmes philosophiques qui s'agitent dans ses congrès, pour donner une solution aux problèmes de l'avenir.

Comptant sur la bienveillance de cet illustre public, je présenterai, le plus brièvement possible, quelques observations sur la doctrine spirite.

Le Spiritisme est la science qui étudie les mondes spirituel et matériel, et leurs relations formant l'esprit, la matière et le fluide universel. Le Spiritisme est l'harmonie de la raison individuelle avec la raison divine pour réaliser la perfection et le progrès dans les vies et dans les mondes. La liberté, l'égalité et la fraternité forment la trinité de la morale pratique du Spiritisme, comme ils forment aussi la trinité des droits individuels; sa formule est : vers Dieu par l'amour et la science. Le Spiritisme ne s'adresse pas à un Dieu trinité et personnel, ni aux divinités d'aucune mythologie, ni aux oracles d'aucune idolâtrie, mais il cherche l'absolu, c'est-à-dire l'essence propre, ce qui existe par soi-même, sans être limité par d'autre essence, comme celle de Dieu, qui s'étend dans l'infini; on sait que l'infini n'a pas de limite, et que, par conséquent, Dieu ne peut pas être restreint dans le cercle étroit des religions positives.

Le fini a des limites parce qu'il est la forme des corps qui représentent la variété. Leur essence est infinie parce qu'elle représente l'unité. Dans toute matière, il y a unité et variété, infini et fini, essence et forme. Le mal a son origine dans le fini des êtres. Si le mal existait dans l'essence des choses, il serait infini et, par conséquent, un rival éternel de Dieu. Si le mal existe, il est représenté par les esprits arriérés, vicieux et criminels, mais susceptibles de repentir; pour cela, le mal s'éteindra et ainsi se manifestera la bonté de Dieu.

En parlant des esprits, vous observerez que le Spiritisme a été discuté et ridiculisé sous le prétexte qu'il ne servait qu'à faire danser des tables et autres objets. Toute idée grande, solennelle, élevée, a été taxée de folie par les ignorants et par ceux qui, peu lettrés, vivent à l'ombre d'un monopole en exploitant les erreurs du fanatisme. Quelques contemporains de Colomb le tinrent pour fou et cette folie nous donna un nouveau monde.

Nous admettons la pluralité des mondes parce que si Dieu n'eût créé qu'un seul monde, avec son ciel et son enfer, il eût été un architecte très mesquin ne pouvant construire qu'une maison de trois étages. (*Applaudissements.*)

Jésus dit : « Dans mon royaume, il y a beaucoup de demeures, c'est-à-dire beaucoup de mondes ; ce qui est confirmé par l'astronomie qui compte par millions de lieues la distance des astres entre eux jusqu'à ce que, ne pouvant embrasser l'immensité de l'espace, elle prononce le mot infini connu par un autre infini qui est la raison humaine.

Lisez la précieuse dissertation de Tiberghien : *Théorie de l'infini*, et de Pezzani qui, dans son remarquable livre : *Pluralité des existences de l'âme*, en a démontré la vérité avec les témoignages de l'antiquité profane, de l'antiquité sacrée, et avec les auteurs modernes et contemporains. Le P. Félix, dans une de ces conférences, disait : « Plus il existe de mondes habités, plus il y a d'êtres qui adorent Dieu ». Une seule existence corporelle n'est pas assez pour perfectionner une âme, parce qu'elle n'a pas eu le temps suffisant pour son développement intellectuel et moral. Le dogmatisme dit que l'âme est créée au moment de la naissance de l'homme; d'après cela, d'où proviennent ces dispositions innées par lesquelles les uns naissent bons, d'autres mauvais; les uns intelligents et les autres idiots? Quel est le sort des enfants qui meurent en bas âge? Quel est celui des idiots et des sauvages? Si la différence consiste dans les organes, pourquoi Dieu donne-t-il un meilleur organisme aux uns qu'aux autres? Et, s'il ne peut l'éviter, pourquoi alors rend-il responsables plus tard de leurs actes les âmes qui vécurent avec un organisme faible, arriéré ou vicieux? La matière peut-elle plus que Dieu? Les tribunaux, en châtiant les organismes vicieux, condamnent-ils l'âme ou condamnent-ils le corps?

Le souvenir d'une existence antérieure se manifeste d'une manière indirecte par les tendances instinctives appelées intuition et caractère, ce que les théologiens ont appelé prédestination, et de là les proverbes : « Le poëte naît et ne se fait pas », et « Le génie le trouve tout fait ». Ovide et Lope de Vega étaient fatalement poëtes, et nous nous rappelons les talents précoces de beaucoup d'hommes célèbres.

Allan Kardec dit fort bien, dans son ouvrage *La Genèse, Les Miracles et Les Prophètes*, que l'humanité primitive, représentée dans l'allégorie d'Adam et Eve, était l'ensemble d'esprits qui ayant péché dans un autre monde, vinrent dans celui-ci pour expier leurs fautes. Il est certain que *La Genèse*, dans le texte hébreux, ne contient pas de noms propres.

Adam signifie terre rouge et aussi le genre humain; Eve, la femme matérielle; Caïn signifiait la force, la véhémence, le pouvoir, et les Asiatiques le prirent pour le génie du mal; Abel, douceur, grâce, génie du bien. Adam avait les deux sexes, parce que l'humanité possède tout, et de là l'allégorie de la côte convertie en femme. En supposant qu'Adam fût un homme unique, s'il n'avait vu mourir personne, comment se fait-il que Dieu le menaçât de mort s'il mangeait du fruit défendu? Une peine inconnue est comme si elle n'existait pas. Après que Caïn eut tué son frère Abel, il ne restait sur la terre, en ce moment, que lui, son père et sa mère. Comment Caïn put-il prendre femme et édifier une ville? Il faut affirmer, avec Kardec, que l'espèce animale ne vient pas d'un seul couple primitif, mais bien de plusieurs, parce que si un type peut se former sur un point, il n'y a aucune raison pour qu'il ne s'en forme pas d'autres en divers points, par la même cause. *La Genèse* est le livre le plus philosophique de toute la Bible, pour être une copie des anciennes doctrines de l'Inde et des Mystères d'Egypte, couverts du voile de la Maçonnerie et de la Kabale, trésors cachés sous des hiéroglyphes, parce qu'il existe une science vraie et une autre apparente pour tromper le public. La science payée, ou le sophisme à solde, a été vulgarisé.

Sans la pluralité des existences, l'immortalité et le progrès ne s'expliquent pas; sans l'éternel voyage de l'atome, les formes des corps ne s'expliquent pas, comme sans les degrés ascendants de perfection des âmes, les formes de la civilisation ne s'expliquent pas.

Le Spiritisme est l'unique système qui explique l'union de l'âme et du corps, au moyen du périsprit agent électrique du magnétisme et atmosphère de l'esprit dans l'autre monde, vêtement fluidique, pour ainsi dire, pour distinguer un esprit d'un autre esprit, comme les idées d'un savant se distinguent de celles d'un imbécile. Le matérialiste confond l'effet avec la cause, le piano avec le pianiste, et sans connaître toutes les lois de la matière, il nie celles de l'esprit. Les sens ne voient que des corps limités; l'âme forme l'abstraction et les idées universelles, les idées de vérité, bonté, beauté, du créateur, de la création, de l'infini et de la justice, du progrès, de philosophie du droit, de l'abnégation, du martyr et de la vertu. S'il n'y a que matière, comment se fait-il que le matérialiste réclame pour lui la justice et la morale? Si l'homme n'est que matière, il aura le progrès des minéraux et des plantes, mais non le progrès moral et social attesté par l'Histoire universelle.

De la négation de l'âme vient la négation de Dieu, parce que s'il n'y a pas d'effet spirituel, il n'y a pas non plus de cause spirituelle; s'il n'y a pas l'unité du *moi*, il n'y aura pas non plus d'unité de jugement ni de raison humaine. Si le fini existe, l'infini doit exister, et si les infinis relatifs existent comme l'infini de l'espace, du temps et de la raison, il doit exister un infini absolu, qui est Dieu infiniment absolu et absolument infini, et c'est sous ce point de vue qu'étudie la philosophie moderne. Dieu, l'esprit et la matière constituent la trinité philosophique. Tout est en Dieu, mais tout n'est pas Dieu; comme la lune n'est pas le soleil, bien qu'elle réfléchisse sa lumière. Dieu est partout; donc il n'est pas hors du monde comme l'affirme le dualisme; la circulation du sang n'est pas hors du corps. Ou le diable existe ou il n'existe pas; s'il existe, il en résulte deux Dieux, l'un bon, l'autre mauvais. Le mauvais peut plus que le bon, attendu qu'un dixième de l'humanité étant catholique, le reste va au soi-disant enfer, et parmi les catholiques y vont aussi les pécheurs impénitents; il en résulte que Jésus n'a pu sauver qu'une dixième partie des hommes, et si l'on dit que la création est une offrande gratuite de Dieu, il n'est pas juste de créer des êtres pour qu'ils soient malheureux.

Les esprits persévérants dans le mal sont le diable, et tandis qu'ils ne se repentent pas ils portent en eux leur purgatoire et leur enfer; comme il arrive dans ce monde à l'homme qui, dominé par ses vices, se met en grave péril, d'où il ne sait sortir que par le crime ou le suicide.

La communication des esprits est admise par la Bible et par l'Église catholique. On dit que Samuel mourut et apparut au roi Saül, et que les anges, ambassadeurs célestes, descendaient du ciel pour parler aux prophètes et pour annoncer à Marie l'incarnation d'un Messie. Au moyen âge les revenants ou âmes en peine procurèrent plusieurs millions à la Cure romaine; cette entreprise d'outre-tombe est tombée en décadence.

Le catholicisme a dit que les communications spirites sont diaboliques. Il faut avouer que le soi-disant diable est un gentilhomme très honnête et bien élevé, car, lorsqu'il se communique, il donne de très bons conseils et prêche une morale pure; de sorte qu'il travaille contre lui-même; à moins qu'il en soit à la veille de se repentir et de retourner au ciel, où il paraît qu'il serait plus à son aise.

Quelques-uns, suivant les Évangiles, disaient que Jean était ressuscité d'entre les morts; d'autres qu'Élie était apparu et d'autres qu'un prophète des anciens était ressuscité. Jésus dit : « Il est vrai qu'Élie est venu et ils ne l'ont pas connu, et celui qui ne naît de nouveau ne peut voir le royaume des cieux »; ceci prouve que l'on ne peut pas sauter de l'enfance à la vieillesse sans passer par l'âge viril, et que sans les grades ascendants il est impossible d'arriver à la perfection.

Vous voyez que le Spiritisme est scientifique et religieux. Il est scientifique puisqu'il admet la pluralité des mondes habités, il est la science unique à laquelle aspirent la métaphysique et le progrès infini. L'homme religieux admet: la croyance à l'immensité de Dieu, le bonheur graduel et éternel suivant les mérites, les châtiments et mondes proportionnés au degré d'avancement; les maximes évangéliques et la morale universelle attendu que la morale n'est que la charité pour tous; le pardon des injures et l'union du sentiment religieux avec la science; il adore Dieu en esprit et vérité. Le phénoménal ou expérimental s'appuie sur les relations qui existent entre les vivants et les morts, parce que, dans l'Univers, tout se lie, esprit et matière, et qu'il n'y a ni vides ni fossés à franchir d'une espèce à une autre, ainsi que le démontre le zoophyte, lien d'union entre le végétal et l'animal. Aujourd'hui on néglige le plus possible le Spiritisme phénoménal pour s'occuper davantage du développement scientifique, préparant le règne de la suprême et droite raison, laquelle est le lien de fraternité et de cohésion qui nous unit avec les libres-penseurs; car nous marchons tous ensemble pour détruire les sophismes, les erreurs, les préoccupations et l'ignorance obligée d'un despotisme rusé, obscur, ténébreux et dogmatique. (*Vifs applaudissements.*)

Jésus disait : « Je dois encore vous dire bien des choses, mais vous ne pouvez pas les entendre aujourd'hui ; mais quand viendra l'esprit de vérité, il vous enseignera toute la vérité ». Le Spiritisme est l'esprit de vérité pressenti par Jésus : et pour cela Allan Kardec écrivit son livre intitulé : *L'Evangile suivant le Spiritisme*. Cette doctrine se réflète dans la démocratie, et, à force de science, de martyre et de travail, elle s'étend comme l'aurore dans toutes les sphères de l'intelligence, et celles du droit social et politique.

Le christianisme a été prêché et il a mis dix-neuf siècles à s'implanter dans les institutions, à se purifier dans la pratique comme science sociale, et à se débarrasser comme le diamant de la couche terreuse des abus et falsifications qui ternissaient son éclat.

Dans l'Inde antique, nous trouvons les germes du christianisme, de tous les systèmes philosophiques de la Grèce et de tous les rites et organisations monastiques qu'a reproduit, plus tard, l'Église romaine. C'est dans l'Inde antique que nous voyons la Trimourti ou Trinité de Brahma, Vichnou et Siva. D'abord les patriarches proclamèrent l'unité de Dieu ; dans la seconde époque les prêtres admirèrent la Trinité, et pendant la troisième époque les rois appuyés par la caste sacerdotale acceptèrent le polythéisme.

Kristna, 4,400 ans avant J.-C., naquit d'une vierge et fut poursuivi et assassiné à cause de sa réforme. Non seulement Kristna, mais encore beaucoup de réformateurs de l'Inde eurent une histoire semblable à la dernière biographie de Jésus-Christ. C'est que partout les mêmes causes produisent les mêmes effets. Si vous voulez analyser la vie des anciens religieux de l'Inde, lisez le livre intitulé : *Le Catholicisme avant le Christ*, extrait de l'ouvrage de Louis Jacolliot, et d'autres orientalistes, par le vicomte de Torres-Solanot.

La lutte entre le bien et le mal et la transmigration de l'esprit furent les thèmes des premières divagations des peuples enveloppés dans les ténèbres de l'inconnu. Dans la philosophie de l'Inde se présente Siva le destructeur ; en Perse le temps sans limites produisit Ormuzd, être pur ; quant à l'être diabolique, ils l'appelèrent Ahriman. En Égypte, Osiris était le prince lumineux comme Adam ; Isis le prince passif comme Ève, et Typhon le prince destructeur comme le serpent et le diable. Pythagore admet la Monade, esprit parfait, et la Dyade, la matière ou l'imperfection. Platon reconnaissait la pluralité des existences. Les Gnostiques philosophes qui voulurent subordonner le christianisme à leurs théories, soutenaient que les émanations de Dieu sont plus imparfaites à proportion de leur éloignement, et ils disaient que Demiürgon est le dernier être du monde supérieur, et que le Verbe, l'idée que conçut Platon et l'Évangile de Saint-Jean sauva les hommes. Manès admettait aussi l'existence du bon principe et du mauvais ; les poètes retracèrent cette rivalité dans leurs poèmes, et les opéras de *Faust* et de *Robert le Diable* les reproduisent avec l'enchantement de la musique. Un diable qui chante est plus sympathique que le serpent qui trompa nos premiers pères. Saint-Thomas-d'Aquin admettait trois âmes dans l'homme ; la rationnelle, la sensitive et la végétative, et Moïse dans la Génèse distinguait l'âme, le moi Nichema, le souffle céleste Bouah, et le lien de l'âme avec le corps Nepheseh ; de sorte qu'il nous est impossible de faire un pas dans l'histoire de la philosophie sans rencontrer une vérité du Spiritisme ; comme il n'y a pas de géométrie possible sans l'idée du triangle.

La morale du Spiritisme se résume dans la bonté, la tolérance, l'amour, la charité, l'étude, le travail, la tendance vers toutes les institutions qui réalisent la liberté, l'égalité et la fraternité, le triomphe de la droite raison et de la libre pensée, et l'abolition de tous les abus, erreurs, cruautés et monopoles qui abrutissent les peuples.

Le Spiritisme élève la dignité de la femme, si maltraitée par les religions positives, qui la considèrent comme l'esclave de l'homme et la cause de sa dégradation ; et cependant, le sacerdoce a prouvé que la femme fut le soutien de ces mêmes religions. La femme doit être lettrée pour connaître l'importance de l'amour vrai et ses devoirs de mère. Quelques femmes célèbres par leurs talents et leur héroïsme, nous enseignent ce que pourraient devenir les autres sous l'influence d'une éducation choisie et morale.

Moi qui suis le naufragé du professorat, toujours en lutte contre les vagues de la réaction, du favoritisme et de l'hypocrisie, et qui porte dans ma feuille d'études et dans l'amour du peuple mon unique planche de salut, je me rappelle ma sœur, religieuse! et je considère la triste solitude de ces femmes qui pour obtenir un plus haut degré de gloire dans le ciel, sont inutiles à leur famille et à la société, et se changent en statues de marbre ; elles n'ont ni volonté, ni amour, ni autorité pour distinguer par l'étude la vérité de l'erreur ; mais en revanche, elles ont le privilège de ne voir jamais la loi pénétrer dans le lugubre abîme de leurs couvents.

Nous traversons une crise historique ; lois, institutions, doctrines comparaissent devant le tribunal de la raison. L'homme, armé de l'analyse scientifique moderne, pénètre jusqu'au plus profond de la pensée, et surprend les secrets de la nature dans les sciences physiques ; il entreprend le vol hardi de la liberté dans les sciences morales ; il sauve la dignité du citoyen dans les sciences politiques ; il devine le passé avec la critique historique, et pressent l'avenir dans ses aspirations ; il simplifie la métaphysique avec son raisonnement, et lutte avec valeur contre la maligne influence de l'erreur, de l'imposture et du despotisme. (*Bien. Applaudissements.*)

Le Congrès juridique a résolu le profond problème du droit, et si l'Eglise catholique, dans le concile de Nice, proclame les droits de Dieu, et au moyen âge les droits du sacerdoce, nous autres avec plus de raison, nous proclamons, dans ce congrès spirite, les droits de l'homme et la dignité de l'esprit humain.

Tous les peuples saluent Barcelone dont la baie reflète les triomphes d'une admirable industrie, et tous les amants du progrès l'acclament, parce que les congrès réfléchissent eux aussi, les conquêtes de la liberté, de la raison et de la science. (*Applaudissements.*)

Je salue la presse de cette noble ville, pour la prodigieuse activité qu'elle apporte à publier toutes les idées qui aparaissent dans le firmament de l'aurore philosophique et littéraire de notre patrie. Nous entrevoyons comme Colomb, la plage de l'avenir, et si celui-là du pont de son navire s'écriait : terre ! terre ! Nous autres nous crions de Barcelone : liberté, égalité, fraternité ! Vers Dieu par la charité et par la science. J'ai dit. (*Longs applaudissements. L'orateur est félicité.*)

M. le Président : Messieurs, l'heure avancée nous impose, bien contre notre volonté, l'obligation de terminer la session. Demain à neuf heures du soir nous continuerons à vous présenter, comme nous l'avons fait cette nuit, les vérités fondamentales du Spiritisme. L'illustre docteur Hoffman qui est représentant des spirites romains parlera le premier.

Je vous prie de ne voir en nous que la bonne volonté d'expliquer l'a.b.c d'une science qui commence à se présenter au public, et de dire à votre raison ce que peut notre doctrine. (*Applaudissements.*)

2ᵉ *Séance publique 9 septembre* 1888.

Le Secrétaire, M. *Sanz-Benito*, lit le procès-verbal de la dernière séance qui est approuvé, les adhésions personnelles au congrès dont la liste est publiée d'autre part, et le télégramme suivant :

« Alcoy, 8, 6 h. 30.

M. le vicomte de Torres-Solanot.

Le Centre « Paz » réuni en banquet, salue le Congrès spirite.

Le Président, *Roig.* »

Le Secrétaire, M. *Casanovas*, lit une lettre remarquable *de la Commission organisatrice du Congrès des Amis de l'enseignement laïque* au Congrès international spirite réuni à Barcelone, dans laquelle cette Commission reconnaît la haute importance du Congrès spirite, au point de vue de l'instruction, de l'éducation des peuples, de leur émancipation par la morale et la science, de leur union solidaire dans une vaste fraternité.

» Travaillez sans relâche, disent-ils, afin que l'enseignement laïque s'étende chez toutes les nations ; prêtez votre puissant appui au prochain Congrès des Amis de l'Enseignement laïque, afin qu'il soit la vaillante représentation des différentes écoles philosophiques-sociologiques, et que les délégués des autres nations, en notre nom, soient porteurs de nos sympathies, de notre fraternité, de nos aspirations à nous unir fraternellement avec eux ; qu'ils n'oublient pas que leurs frères d'Espagne ont aussi faim et soif de justice, de science empirique et d'émancipation universelle.

Vive la liberté de la pensée !

Vive l'émancipation sociale !

Place au progrès dans toutes ses manifestations et avec toutes ses conséquences !

9 Septembre de 1888.

Pour la C. O. Le Secrétaire de la présidence,
J. CUADRADO.

(De vifs applaudissements accueillent la lecture de cette communication).

Le Congrès spirite heureux de ce bienveillant salut, promet à la Commission organisatrice du Congrès des Amis de l'Enseignement laïque, d'aider toujours au succès des idées communes et civilisatrices, et d'envoyer une représentation spirite à ce congrès, dit M. de Torres-Solanot qui prie M. Leymarie de présider.

Le Président de la 2e séance publique, M. P. G. *Leymarie*, donne la parole à M. Moreno Acosta, lequel réclame l'indulgence des auditeurs ; il salue Allan Kardec, et les organisateurs du Congrès, et toutes les dames cette sève toute puissante de la famille. Il fait une très intéressante conférence sur Dieu qu'il appelle le Pollen de la création universelle ; l'orateur parle en poète, avec chaleur et conviction, en comprenant Dieu selon le livre des Esprits, et la Genèse selon le Spiritisme : sa péroraison est vivement applaudie.

Le Président, M. Leymarie, remercie la presse pour le chaleureux et bienveillant appui qu'elle prête au Congrès en publiant des compte-rendus très sages et impartiaux ; il en félicite les représentants de la presse de Barcelone et de Madrid présents à la séance. Comme on avait discuté de MM. Ch. Fauvety et Tremeschini dans le congrès, M. Leymarie parle de ces philosophes éminents, de leurs travaux, de leur amour profond pour la vérité et le progrès intellectuel de nos frères en humanité. (*Applaudissements*)

La parole est donnée au professeur Hoffmann, délégué de l'Académie internationale spirite de Rome qui s'exprime ainsi :

DE LA NÉCESSITÉ D'UNE FÉDÉRATION SPIRITE UNIVERSELLE, ET DE SON BUT MORAL, SOCIAL ET POLITIQUE.

Mesdames et messieurs, sœurs et frères en croyance, au nom de l'Académie internationale des études spirites et magnétiques de Rome, au nom des spirites italiens, je salue mes frères en croyance, réunis ici parmi les fils de la noble et généreuse Espagne. (*Très bien ! Bravos !*)

Et d'abord, excusez, chers MM. et frères, l'un des plus humbles adeptes du Spiritisme, s'il vient élever sa voix parmi Vous, vaillants et illustres apôtres de la Doctrine ; je veux exprimer hautement ma respectueuse reconnaissance, payer un tribut d'admiration au Comité exécutif du Congrès international, à son illustre Président le Vicomte de Torres Solanot, auquel j'adresse particulièrement mes hommages sincères et dévoués ; à tous ceux enfin qui ont bien voulu nous inviter à prendre part active à leurs travaux, et offrir aux spirites le moyen le plus propre et le plus sûr pour les rassembler sous le drapeau du progrès et de la charité.

La charité ! n'est-elle pas le dernier mot de tous les pionniers ardents et sublimes du progrès ? N'est-elle pas le cri de ralliement de tous ceux qui ont compris le but de la vie, et qui sont venus, missionnaires de la vérité, éclairer notre route ? Je dirai avec Rückert :

So stark ist Liebesmacht dass selber Gottliebeigen
Dahin, wo er geliebt sich fühlt, sich muss neigen.

« Si forte est la puissance de l'amour, que Dieu même, amour suprême, est obligé de s'incliner là où il se sent aimé. »

Tout nous invite donc à nous aimer, à nous entre-aider ; la nécessité du progrès, le besoin d'ouvrir notre cœur à toutes les grandes et nobles aspirations de l'âme, la solidarité qui nous lie, le besoin que tous ont de tous, notre cœur, notre raison, notre intérêt même. Ah ! qu'il serait beau, tandis que les adversaires de la doctrine se moquent de nos efforts, de notre but, de voir tous les spirites de bonne volonté se tendre la main, s'associer sincèrement, loyalement, sans arrière-pensée, pour travailler désormais, avec la même ardeur à la même œuvre, annoncer la vérité à ceux qui l'ignorent, éclairer le chemin de l'avenir devant ceux qui ne voient de toutes parts, qu'abîme et ténèbres ! Telle est la tâche qui doit nous décider à sortir de notre isolement, à nous grouper en un solide faisceau, à travailler incessamment, sans faiblesse, sans crainte, avec amour et confiance; souvenez-vous, mes frères, de l'apologue des verges. Notre œuvre n'atteindra son parfait développement, que le jour où toutes les forces aujourd'hui répandues, se seront associées pour poursuivre d'un commun accord le même but.

Et voilà pourtant d'où émane la nécessité de se réunir, de se confondre dans un même sentiment de concorde et de tolérance; voilà le plus strict devoir de tous les spirites qui aiment sincèrement le progrès et la vérité,de tous les hommes de cœur qui se coudoient dans les pénibles travaux de cette vie,des philosophes, des philantropes, des législateurs; et voilà le vœu dont notre vénéré maître Allan Kardec a demandé toujours l'accomplissement à la suprême Providence.

Union, fraternité, solidarité, liberté, tels sont nos sincères aspirations pour l'avenir même de la société entière; et nous spirites, nous devons concourir à leur réalisation, puisque c'est notre incontestable devoir, avec toutes les ressources de l'esprit, les forces de l'intelligence, du cœur, et surtout de l'exemple.

Dans la lutte du progrès contre l'ignorance, contre la superstition, le scepticisme, l'orgueil, les avances barbares des institutions désormais pourries du moyen âge, le dogmatisme de la science officielle, l'intolérance des églises constituées, les invectives des adversaires de la liberté de conscience, les railleries des ignorants et des envieux, le talent lâche de ces malheureux qui sèment la défiance et la haine entre nation et nation, entre frères et frères, nous répondons par l'exemple imperturbable et sublime de nos sentiments de solidarité fraternelle, de notre tolérance, de notre amour inébranlable pour tout ce qui est vrai, bon et beau! (*Applaudissements.*) Entre spirites il n'y a pas de nationalité; il n'y a ni Espagnols, ni Français,ni Allemands ni Anglais, ni Russes, ni Italiens; pour les spirites il n'y a pas même de sauvages, car le but de notre œuvre nous fait franchir d'un seul bond les frontières politiques, ces entraves à l'accomplissement de la grande œuvre humanitaire, initiée, il y a un siècle,par nos frères de la France; (*Applaudissements*) nous sommes tous fils de la grande nation universelle, de cette grandiose patrie, qui à son tour, dans le Grand Tout de la vie, n'est qu'une humble et petite partie de la république sidérale. (*Très bien! Bravos! Applaudissements prolongés.*)

Mais venons à ce qui nous préoccupe de plus près.

De quoi s'agit-il aujourd'hui dans ce Congrès international? D'établir,peut-être, le caractère scientifique du Spiritisme? D'étudier, peut-être, les moyens les plus sûrs et les plus pratiques pour propager la connaissance de sa doctrine ? Pas du tout, ni l'un ni l'autre. (*Vive sensation*).

Au point de vue scientifique, le Spiritisme considéré comme science positive, a désormais reçu une sanction officielle, grâce aux travaux éminemment et rigoureusement expérimentaux de l'élite des savants. Les faits ne sont pas une opinion, MM., et les recherches spéculatives des Crookes, des Wallace, des Zöllner, des Aksakoff, des Flammarion, de la Société dialectique de Londres, etc., ont le cachet d'une vérité axiomatique. Le premier point est donc hors de question.

S'agit-il de la deuxième question?

Mais, mes chers MM. et frères, toute doctrine, « qui ne pose en principe absolu, que ce qui est démontré avec évidence, ou ce qui ressort logiquement de l'observation ; qui touche à toutes les branches de l'économie sociale auxquelles elles prêtent l'appui de ses propres découvertes, s'assimilera toujours (c'est dans l'ordre naturel des choses), toutes les doctrines progressives, de quelques ordres qu'elles soient, arrivées à l'état de vérité pratique, et sorties du domaine de l'utopie ; sans cela elle se suiciderait ; en cessant d'être ce qu'elle est, elle mentirait à son origine et à son but providentiel. »

« Le Spiritisme (ce sont les paroles de notre Vénéré Maître), marchant avec le progrès, ne sera jamais débordé, parce que, si des nouvelles découvertes lui démontraient qu'il est dans l'erreur sur ce point, il se modifierait sur ce point : si une nouvelle vérité se révèle, il l'accepte. » (*Très bien.*)

Le Spiritisme émergera toujours pur et brillant, parce que Dieu en a déposé le germe, qui ne saurait être destructible du fait de l'homme. Il appartient aux grandes Doctrines d'être plus véritablement fortes qu'elles sont plus véritablement justes.

Et bien, mes chers frères, c'est une nouvelle phase qui va commencer pour notre Doctrine ; ce sont de nouveaux horizons qui vont s'ouvrir devant nos yeux. La phase expérimentale étant presque achevée, c'est de la phase sociale que nous devons désormais nous occuper ; il faut bâtir un nouvel édifice social, il faut reconstruire et régénérer le passé, travailler à faire un monde nouveau, à renouveler l'organisme vicieux et presque ébranlé de cet être chétif et malade qu'on appelle humanité ; il faut s'opposer avec ardeur au courant qui menace de nous engloutir dans les abîmes du nihilisme, le marasme le plus affreux qui affecte la société de nos jours ; il faut distribuer et répandre avec égalité, dans tous les rouages des institutions sociales, la sève ardente et productrice qui découle de notre Doctrine.

Tel est le rôle qui s'impose au Spiritisme dans cette nouvelle phase.

« Ce rôle, selon M. Fauvety, lorsqu'on sait s'en rendre compte et qu'on veut le remplir en vue d'une fin, consiste évidemment à introduire dans la circulation sociale, soit par l'éducation, la presse, la parole, soit par l'action législative, administrative ou gouvernementale, les éléments organiques, les principes assimilables propres à modifier les courants des forces sociales et l'état général de l'organisme, de façon à l'influencer dans tel ou tel sens, et à le pousser dans telle direction de préférence à telle autre.

« C'est ainsi qu'on arrive à faire pencher l'équilibre vers la hiérarchie ou l'égalité, vers la justice ou la fraternité, et qu'on peut faire la part plus grande, soit à la centralisation, soit au libéralisme, selon qu'on est plus partisan de l'ordre que de la liberté, ou qu'on préfère celle-ci à celui-là, et qu'on a su entraîner l'opinion de ce côté ».

Le caractère des lois de la nature, et de celles de la conscience, non de celles dites positives, décrétées par les hommes selon les besoins, les passions et les circonstances, est d'être universelles dans la série des rapports qu'elles embrassent; et pourtant les principes sociaux, qui ressortent du Spiritisme considéré comme loi de la nature, et qui tiennent à la fois du monde moral et du monde physique, sont, en conséquence, eux-mêmes universels.

Voici, du reste, les principes que nous tenons pour essentiels à la vie des sociétés :

    Ordre et liberté,
    Hiérarchie et égalité,
    Justice et fraternité,
    Capital et travail,
    Propriété et mutualité,
    Solidarité et progrès. (*Vive et unanime adhésion.*)

Ces principes sont comme l'étoffe dont est fait l'organisme social ; ils peuvent non seulement supporter l'épreuve de l'universalisation, sans rencontrer la contradiction logique et sans aboutir au nihilisme, au néant, mais être même élevés à la hauteur de l'*absolu*, et former des lois pour la vie sociale, car concevoir des rapports universels d'ordre, de justice, de travail, de liberté, de solidarité, de progrès, etc., c'est établir des principes destinés à devenir la source des droits et des devoirs des hommes réunis en sociétés.

Voilà donc la tâche que la Doctrine spirite doit accomplir dans la nouvelle phase. Cette phase dans ses applications pratiques doit être éminemment *morale sociale et politique*. Et nous sommes au moment où il faut montrer à tous la force de notre union, de notre caractère, la puissance de notre Doctrine.

Ce ne sont pas seulement des idées qu'il nous faut soulever, mais des sentiments. (*Très bien!*)

Il faut nous aimer tout d'abord, apprendre à ceux qui rient aujourd'hui des lyrismes du cœur, combien ce sentiment fait la vraie joie pour l'individu, comme la prospérité pour la nation, et suppléer à tous les systèmes d'éducation par de nouveaux systèmes où l'on fasse prédominer une loi d'amour par dessus toute autre loi. Il faut parler de cette loi d'amour à nos enfants avec les sentiments qui ennoblissent et non avec les préjugés qui rabaissent; il faut les habituer à la franchise, leur inspirer l'horreur de toute passion honteuse; avec de bons éléments on ne peut faire de mauvais sujets. Il faut apprendre à nos fils combien il y a du vrai et du bon dans la morale et la philosophie spirite; tant que l'homme ne saura pas d'où il vient, quelle est sa fonction dans le monde, et où il doit aller, en d'autres termes, tant qu'il ne se sera pas fait une idée vraie de l'ordre universel, il n'y aura pas de société réellement humaine, ni des peuples réalisant en pleine conscience l'Idéal divin de son humanité. (*Applaudissements prolongés.*)

D'après ce point de vue la morale spirite nous offre un grand avantage sur tous les autres systèmes, car ce qui a contribué à conserver la morale sous un point de vue spéculatif, c'est que les théories dans cette science ont été plutôt des preuves de l'esprit des philosophes que des doctrines tirées de la démonstration d'une loi de la nature. Pour donner à la théorie morale le même caractère fixe qu'aux théories physiques, il faut en former une théorie morale avec la même exactitude scientifique. (*Très bien!*)

La marche des philosophes qui ont formé des théories en physique, est simple et évidente; ils ont commencé par un examen exact des phénomènes matériels au moyen des expériences. C'est la phase primitive du Spiritisme.

Lorsque Galilée découvrit que les lois des corps présentaient des surfaces directes ou inclinées, il fit voir que ces lois étaient des principes dans les arts mécaniques, et qu'on pouvait les adopter comme une théorie ou doctrine propre à expliquer ce qu'on voyait dans cette branche de la nature.

Lorsque Newton découvrit la gravitation des corps dans l'attraction de la terre, et trouva par l'expérience et l'évidence, que c'était la loi universelle de la matière, comme enfin un principe dans les arts mécaniques, elle devint une doctrine propre à expliquer les apparences dans le système de la nature, et fut appelée théorie de la gravitation.

Or l'analyse et l'induction philosophique nous ont mis à même de découvrir que la probité ou la reconnaissance des droits, la justice ou le maintien des droits tel qu'ils sont prouvés et démontrés par la Doctrine spirite, sont des objets fixes frappant uniformément la faculté morale qui les accepte sans discussion. Ils sont comme les corps inclinants vers le centre de la terre qui les attire uniformément. (*Très bien ! Bravos !*)

Et bien, mes chers Messieurs et frères, savez-vous qu'est-ce que le Spiritisme dans la vie perfectible de l'humanité ? C'est précisément le centre de gravitation morale auquel aboutissent la recherche du meilleur et du plus parfait, la marche incessante de l'humanité terrestre vers l'universalisation, vers la communion des âmes dans la sainte et divine harmonie de l'éternel concert des êtres et des mondes. (*Très bien ! Très bien ! C'est vrai*).

De ce moment il faut donc travailler sans relâche et sans crainte, essayant de réaliser avec toutes les forces de notre activité morale et intellectuelle ce *gutta cavat lapidem* de tout renouvellement : la transformation morale de l'humanité. Travaillons sans relâche car le temps passe avec la vitesse de l'éclair, et selon une locution très familière à nos frères espagnols :

« *No se ganó Zamora en una sola hora* » (*Applaudissements.*)

Parler de l'influence que notre Doctrine peut exercer dans les questions de caractère social, serait : *un portar vasi a Samo, o nottole ad Atene*.

Tous les hommes, quelle que soit leur condition, quels que soient leurs rapports réciproques, peuvent trouver dans la morale spirite des règles d'une pureté et d'une sagesse exceptionnelles. Notre marasme social n'est qu'une conséquence de notre malaise moral; il n'y a pas de bonnes lois où la morale n'est qu'une fiction et un artifice dogmatique.

Il faut s'emparer de l'instruction populaire, s'agiter près de tous les gouvernements pour faire instituer des chaires de philosophie spirite dans tous les centres universitaires; encourager les institutions des familistères selon le système très pratique du feu notre confrère M. Godin ; propager notre Doctrine dans les ateliers, les centres ouvriers, et la faire pénétrer jusque dans la mansarde du pauvre. Agir sur les masses par la presse, les conférences, les réunions publiques, car il faut que notre Doctrine soit enseignée et pratiquée.

Il nous faut aussi aider, avec ardeur, l'œuvre préconisée par M. Ch. Fauvety, pour la fondation d'une Église laïque, et l'organisation d'une Religion universelle, dans laquelle tout homme adorera son Dieu comme il le comprend, et pratiquera sa religion à sa façon, mais en ne s'éloignant jamais de cette pensée commune : la marche progressive de chacun et de tous dans la perfection, et l'édification de l'âme et du corps spirituel de l'humanité par l'amour, la solidarité et la justice.

Il faut transformer les prisons pénitentiaires en instituts de moralisation ; il faut que le coupable soit considéré comme un être malade, qu'on doit soigner et tâcher de guérir et réhabiliter. (*Très bien! Applaudissements prolongés*); il faut que tout le système civil et pénal soit modifié dans le sens de la charité et de la justice, car celle-ci se complète toujours par celle-là ; il faut substituer le collectivisme à l'individualisme, opposer la puissance du droit et de la raison à la coalition de la force brutale et de la violence. (*Applaudissements.*)

Et enfin dans le rôle politique, nous bien diriger afin que les législateurs de la nouvelle génération portent dans l'exercice de leur ministère l'empreinte de nos principes; persuadons-nous bien que c'est une tâche des nouveaux temps que l'institution permanente d'un arbitrage international pour la solution des grandes questions entre nation et l'abolition graduelle des armées permanentes et des frontières politiques. (*Applaudissements prolongés.*)

Plus de prix d'honneur à ces tueurs d'hommes qui augmentent l'arsenal des barbaries fouillant dans les sciences de la mécanique appliquée et de la chimie, ces épouvantables instruments de destruction qui rabaissent la dignité humaine au-dessous de celle des anthropophages mêmes! ce sera désormais dans les luttes pacifiques et fécondes de l'amour, de la charité, de l'intelligence, des sciences et des arts, que l'homme développera ses forces. (*Applaudissements.*)

Jusqu'ici, nous avons donné un coup d'œil à l'avenir du Spiritisme, en le considérant comme le *Deus ex machina* de toute transformation morale, sociale et politique ; je finirai ajoutant peu de mots pour ce qui tient à l'institution d'un centre de consultation.

Où il y a du dogmatisme, il y a nécessairement restriction à la liberté de conscience, il y a de l'exclusivisme, et l'exclusivisme amène forcément à l'esprit de secte. Spiritisme est synonyme de liberté, donc liberté en tout et partout. Cependant je crois que le seul et véritable centre de consultation ne peut se trouver que parmi les esprits supérieurs qui ont donné l'impulsion au mouvement spirite. Chaque groupe spirite doit être libre et se diriger pour avoir des conseils de qui bon lui semble. Du reste il en aura certainement de la part des bons esprits s'il se tient à la hauteur des conditions morales nécessaires pour les obtenir.

La base du Spiritisme a été posée déjà par ces mêmes esprits dans les ouvrages d'Allan Kardec que nous acceptons comme point de départ de tous nos efforts pour le triomphe complet de nos idées.

J'ouvre ici une parenthèse pour exprimer toute ma sympathie fraternelle à M. Leymarie l'un des vaillants et fidèles continuateurs des œuvres du Maître.

Cela admis, nous faisons des vœux sincères pour que notre modeste programme, sans prétendre toutefois vouloir l'imposer à personne, soit mûrement examiné, discuté et modifié par tous nos frères en croyance ; cela, surtout, pour que, dans le congrès prochain qui aura lieu, je l'espère bien, à Paris, ce que nous demandons tous, lorsqu'on solennisera le plus grand anniversaire qui soit enregistré dans les annales de l'humanité, tous les spirites réunis en comices fraternels établissent un *modus agendi* pour ouvrir ainsi la nouvelle ère de notre Doctrine.

Chers Messieurs et frères en croyance,

Il y a presque des siècles, le grand, l'immortel voyageur

génois, Christophe Colomb, déployant l'étendard de Castille sur les navires que la noble Espagne avait mis à sa disposition, leva l'ancre du port de Barcelone pour marcher intrépidement à la découverte d'un nouveau monde; pour l'honneur même de tous mes frères espagnols, je souhaite que de cette glorieuse terre parte aujourd'hui l'éblouissante étincelle qui doit émouvoir l'ancien monde des idées pour nous amener à la découverte d'un nouveau : le monde de la charité, de la liberté, de la fraternité et de la solidarité universelle. (*Très bien! Bravos! Salves répétées d'applaudissements; les assistants se pressent autour de l'orateur pour le féliciter.*)

M. le Président suspend la séance pour dix minutes ;

Le Président *M. Leymarie.* Le docteur Huelbes a la parole :

M. Huelbes Tempando : Avec le plus grand plaisir je vais donner lecture d'un travail remis au Congrès par l'illustre et fervent spirite, M. Félix Navarro.

TENDANCE DU SPIRITISME

Elle peut se résoudre en une seule :

Spiritualiser l'homme, l'élever intellectuellement et moralement.

Intellectuellement, attendu qu'il ouvre de nouveaux horizons à l'investigation.

L'histoire sera refaite avec les éclaircissements nécessaires et authentiques de ses mêmes acteurs. Leurs propres images seront obtenues par photographie directe. L'opinion des faits aura l'auguste vérité de la vie d'outre-tombe; là, la tromperie ne peut exister.

Les sciences physiques et expérimentales auront de nouvelles conceptions de la réalité, attendu que, par le contact conscient établi avec les esprits, on commence à goûter le fruit de leurs subtiles perceptions, bien plus complètes que celles de notre intelligence limitée.

Les études psychométriques esquissées par le docteur Buchanam de Boston, font voir que l'âme humaine peut connaître, par sensation directe, tout le passé d'un être inorganique, organique ou spirituel.

La physiologie et la médecine entrent dès lors dans une nouvelle période. La vie saine ou infirme est *sentie* par l'âme, pour laquelle, il paraît ne pas exister de secrets d'organisme si elle se trouve assez libre pour l'examiner.

L'astronomie, avec l'aide des esprits, n'aura plus de distances infranchissables pour notre pensée.

Toutes les sciences, à l'aide de la médianimité, seront perfectionnées. Un exemple c'est la conception raisonnée de l'inertie de la matière, avancée comme hypothèse par des savants audacieux, et affirmée déjà par des faits de la physique transcendantale.

L'art, ayant une notion claire des lois de l'inspiration, la sollicitera mieux; il purifiera avant tout la vie de l'artiste. L'artiste de l'avenir sera savant, saint, il sera un esprit en contact avec d'autres esprits extra-terrestres, qui apportent la lumière du ciel aux hommes ; son sentiment pur, fera descendre sur la terre de véritables courants de beauté idéale. (*Très bien.*)

Chaque idéal religieux produit de nouvelles formes de l'art, avec l'unité d'un fond de vérités éternelles, mais avec une variété d'expression, suivant chaque civilisation.

L'idéal spirite apporte aussi un art plus spirituel que plastique. Il donne la palme artistique à qui de droit, à la poésie, et celle-ci doit être simple et naturelle.

Dans le nouvel art il y aura moins de réthorique que de sentiment du bien et de la beauté. Peut-être, du courant de l'allégorie qui s'éteint, en arrivera-t-on à dédaigner l'élément de fiction et de forme ; avec cette tendance, on parviendra à un terme supérieur de l'art, à son objectif supérieur, à l'amour immense des âmes, directement transmis, au bonheur des bonheurs, c'est-à-dire à la fraternité.

La tendance morale du Spiritisme est de régénérer l'humanité en exécutant la réforme partielle de chaque homme, avec l'efficacité connue par l'expérience et propre à tous les spirites.

La sociologie se modifie profondément.

La conception fondamentale de la société n'est que celle de la justice, et ses conséquences, quelque transformatrices qu'elles soient, sont inévitables.

Les esprits propagent la liberté, l'égalité et la fraternité, principes funestes à tout privilège.

Le Spiritisme est la religion de la démocratie; c'est la religion de la science. La bible selon la Genèse est sa nature même. Son culte est l'étude et la pratique de la vertu. Il n'a pas de temples de pierre et ses prêtres ne sont pas des mercenaires; chaque homme de bonne volonté est un apôtre qui adore Dieu en pensée et en vérité.

Hommes, place au Spiritisme.

La révolution dans la politique, l'abolition de l'esclavage, les inventions scientifiques modernes, tous les faits importants de notre époque ne sont autre chose que les précurseurs de la nouvelle ère de notre planète, l'ère spirite, celle de tous les mondes !

Que l'on nous connaisse sur la terre par l'excellence de notre vie, oh spirites, comme on connaît chaque fleur par son doux arome.

Amour et science, telles sont les tendances du Spiritisme.

Frères de la terre et de l'espace, qui assistez au Congrès de Barcelone, recevez avec reconnaissance l'humble obole de mon adhésion affectueuse (*Grands applaudissements à la fin de la lecture*).

Saragosse, 6 septembre 1888.

Félix Navarro.

M. le président : M. Vives a la parole.

M. Miguel Vives : Messieurs les délégués,

Avant tout, permettez-moi de manifester ma gratitude envers Dieu qui créa l'espace infini et le peupla de soleils, de mondes, de satellites, de comètes et de merveilles sans fin dont l'ordre, l'harmonie et la prévision sont l'expression vive de la toute-puissance du Créateur et l'admiration de tous les êtres penseurs qui peuplent l'univers.

Permettez-moi de lui manifester ma reconnaissance pour le *Moi* que je sens en moi-même, que je suis sûr de voir progresser éternellement, qui doit rencontrer de nouveaux matins, de nouveaux jours, de nouveaux espaces, de nouvelles familles, de nouveaux progrès, de nouvelles vertus et qui, dans le chemin de l'infini, perfectionnera toutes les facultés jusqu'à atteindre le plus haut degré de la perfection. Permettez-moi d'admirer encore le pouvoir divin que je vois se manifester dans l'acte que nous réalisons. Ah Messieurs ! il y a déjà de longues années, lorsque vous saluiez la *Révélation* et que vous prononciez le mot de Spiritisme, le monde vous reçut avec un éclat de rire; et voyant qu'il ne pouvait vous annihiler ni vous empêcher de prononcer ce mot, il vous chargea de ridicule et de mépris; et devant votre persévérance, se dressa contre vous la persécution morale qui vous sépara de la société et de la famille; on alla jusqu'à vous traiter de fous.

Mais l'opinion publique (si puissante quand il s'agit de rompre des chaînes et d'établir des principes de liberté), lorsqu'elle s'oppose à la loi du progrès et à la parole de Dieu, d'abord s'agite, se tait, puis se laisse convaincre; et ce qui était en principe une grande folie, devient enfin une suprême vérité qui vient régénérer tout le monde. (*Bruyants applaudissements.*)

Après avoir payé mon tribut de reconnaissance à Dieu, à mon Père, à mon Tout, je vais m'acquitter envers mes frères.

Je vois autour de nous, Messieurs les délégués, de grandes notabilités spirites; je vois les enfants de la France représentés dans la personne illustre de M. Leymarie; je le salue ainsi que tous ses coréligionnaires, fils de la patrie de Victor Hugo, de Thiers et de Gambetta, les fils de cette patrie qui, après avoir souffert de grands malheurs et de grandes évolutions, a relevé sa liberté sur le piédestal des libertés européennes; elle est aujourd'hui l'espoir de tous les opprimés du vieux monde (*très bien, applaudissements*). Je salue les fils de la patrie de Bellini, les fils de cette patrie dont les arts et l'harmonie ont rempli le monde; qui a relevé partout les sentiments grâce à ses belles mélodies; les fils qui souffrirent pendant tant de siècles sous le joug théocratique; qui virent guillotiner leur liberté avec la sentence de Tonetti, mais qui plus tard réalisèrent leur unité et comme symbole de la liberté de conscience, élevèrent la statue de Giordano Bruno en face même du Capitole. (*Bruyants applaudissements.*)

Je salue de même et j'admire encore plus les fils des contrées d'Outre-Mer, insignes apôtres de l'abnégation et du sacrifice; ces hommes qui à l'appel des spirites espagnols se sont empressés de suivre, sans crainte des dangers du voyage, le chemin tracé par Colomb à travers l'Océan. Je les assure que ce sacrifice restera gravé dans la mémoire de Dieu et qu'il leur sera une grande consolation à l'heure suprême de leur transformation. (*Applaudissements.*)

J'ai fait mon devoir; je vais maintenant accomplir l'obligation que je me suis imposée bien que supérieure à mes forces, et qui consiste à développer devant vous : *Les tendances du Spiritisme dans sa partie morale.*

Ah! Messieurs! si je pouvais comprendre et vous développer les impressions et les joies qui s'emparent de l'esprit depuis son repentir jusqu'à la croyance à une vie meilleure; si je pouvais vous faire comprendre l'espérance et la jouissance qu'éprouve l'esprit lorsque, convaincu de son immortalité, il pénètre dans la science psychologique et voit se dérouler devant lui cette succession de mondes et de merveilles que l'esprit doit rencontrer dans son ascension progressive. Si je m'en croyais digne, je demanderais aux purs esprits de l'espace d'éclaircir mon intelligence; si je m'en croyais digne, je demanderais à l'esprit qui souffrit au Calvaire, d'illuminer pour un instant ma raison comme il illumina les martyrs du christianisme; mais je n'ose pas car je suis indigne d'*un tel* honneur; seulement j'ai confiance *en la loi* d'amour qui règne dans l'espace et en votre bienveillance que vous ne me refuserez pas, parce que vous savez qu'en moi ne parle ni le talent, ni la sagesse, mais la conviction et l'amour. (*Très bien.*)

Quelles sont les tendances du Spiritisme? C'est de relever celui qui est abattu, de faire croire celui qui doute, de donner les plus grandes consolations et les plus suprêmes espérances; il tend à transformer les vices en vertus, l'égoïsme en charité, le désespoir en tranquilité; il tend à procurer à l'humanité la plus grande tolérance, pour fusionner toutes les écoles et toutes les religions dans les grands principes de l'existence de Dieu, de l'immortalité de l'âme, du progrès infini et de la réincarnation. (*Applaudissements*).

L'existence de Dieu et l'immortalité de l'âme ont été les principes fondamentaux de toutes les religions; sur ces deux points elles ont établi leurs dogmes, leur théologie et leur puissance; mais chose triste à dire! après tant de siècles de domination théocratique, l'humanité est plus sceptique que jamais. Et savez-vous pourquoi? parce que les religions ont toujours imposé et jamais démontré : voilà pourquoi la foi aveugle s'est perdue, et qu'il n'est resté que la foi spéculative. Or le Spiritisme, lui, ne vient pas imposer ces deux principes sans les démontrer.

Savez-vous comment il prouve l'existence de Dieu et l'immortalité de l'âme? c'est au moyen de la communication avec ceux qui ont vécu sur la terre. Mais hélas, Messieurs! cette communication qui nous a donné tant de consolations, qui nous a révélé tant de vérités, qui nous a expliqué tout ce qui jusqu'alors était mystère, qui a été le témoignage oculaire de nos pères, de nos enfants, et de tous ceux qui ont disparu de la surface du globe, cette communication a été reçue au xixe siècle, comme furent accueillis à leur époque les calculs de Colomb, les travaux de Gutemberg, les découvertes de Galilée et les déductions de Newton.

Et pourquoi? Parce que la communication nous a dit que Socrate, Platon, Aristote et Plutarque vivent encore; parce qu'elle nous a dit que toutes les races qui luttèrent poussées par la barbarie et la convoitise furent sujettes à la loi de perfection et de progrès infini; parce qu'elle nous a dit que tous les héros, tous les martyrs, tous les grands, comme tous les criminels ont vécu; que Jean Huss, Savonarole, Gérome de Prague ressuscitèrent des cendres des bûchers du Saint-Office; que Guillaume Tell, Riego, Padilla, et tous les martyrs de la liberté existent encore ainsi que Franklin, Copernic et tous les martyrs de la science, ainsi que Jeanne d'Arc, Washington, Lincoln, Masini, Gambetta, Victor Hugo, Garibaldi, Prim et tous ceux qui ont existé pendant le cours des générations successives, qui ont vécu sur la terre et dans tous les mondes (*Bruyants applaudissements.*)

L'humanité dit que ceux qui ont vécu avant nous ne se communiquent pas; elle croit que ces communications sont une illusion de notre imagination exaltée, un résultat du fanatisme de notre école, lorsque l'on compte tant de millions de spirites. Ah! Messieurs! il faut avouer que la sottise à laquelle croit l'humanité est une bien sublime vérité ou qu'une grande partie de l'humanité est réellement folle. (*Applaudissements*).

Mais il me semble à moi, que la manière de raisonner des spirites n'est ni la folie, ni le fanatisme, ni l'illusion; il me semble que ni la folie, ni le fanatisme, ni l'illusion ne peuvent apporter une nouvelle morale, une nouvelle révélation, une nouvelle science; j'affirme donc que la communication des esprits qui vivent dans l'espace avec nous qui vivons sur la terre est une vérité démontrée uniquement par le Spiritisme, et je l'affirme devant vous, professeurs, docteurs illustres et médecins distingués qui m'écoutez dans ce Congrès; je l'affirme et je suis sûr qu'aucun de vous ne me démentira; je suis sûr qu'avec toute votre sagesse, vous ne nierez pas mes affirmations. Comment d'ailleurs pourriez-vous les refuser? Qu'étiez-vous? Qu'étais-je moi-même et qu'étaient tous ceux qui n'espèrent pas qu'en la matière? Qu'étiez-vous avant de connaitre la communication? Un assemblage de matières sujettes au hasard : tantôt vous élançant vers le sublime et retombant bientôt dans l'abime sans pouvoir expliquer les évévements ni définir les circonstances. Qu'était l'amour de vos épouses et de vos enfants? Que signifiaient tous les efforts, tous les sacrifices, tous les travaux entrepris par ceux qui nous ont précédés dans la vie? Que signifiait la charité pratiquée par saint Vincent-de-Paul? l'oraison de Thérèse d'Avila? Que signifiaient les larmes versées dans la voie douloureuse, et les sublimes paroles : Père, pardonnez-leur car ils ne savent ce qu'ils font! Que signifiaient les sacrifices faits par les femmes traînées à travers les rues de Rome, par les martyrs immolés dans les cirques, sur les bûchers et par la hache du bourreau? Que signifiait l'inspiration de Démosthènes, de Cicéron et de l'apôtre Paul? Que signifiaient l'art de Murillo, de Raphaël, de Michel Ange; les mélodies de Mercadente, Rossini et Donizetti; le génie de Cerventès, de Lamartine et de Victor Hugo, si tout devait se perdre, si tout devait disparaitre, si la même récompense attendait le martyr et le criminel, si tout devait être la tragédie fatale dont la victime aurait été l'humanité entière. (*Bruyants applaudissements*).

Mais vous savez déjà, Messieurs, qu'il n'y a pas de vertu sans récompense, ni de vice sans répression ; vous savez déjà que l'immortalité est démontrée et que la communication avec les êtres qui nous ont précédé est un fait pratique ; vous savez que la communication est hautement moralisatrice, et qu'elle est le témoignage de toutes les vérités de la révélation spirite ; c'est pourquoi tous les sacrifices, tous les héros, et tous les martyrs obéirent à une loi de progrès et de perfection nécessaire au développement de l'humanité. Je me réjouis de pouvoir l'affirmer devant les savants réunis dans cette assemblée, devant les professeurs, les docteurs et les médecins, car on ne pourra pas dire que le Spirit e recrute ses adeptes parmi les ignorants facilement trompés, si l'on voit parmi nous des spirites qui agissent en toute connaissance de cause et qui parlent d'après la science et la révélation ; et je vous assure que, si au XIXe siècle un grand philosophe s'était levé pour réformer le monde et n'avait pas prouvé sa philosophie par des faits extraordinaires, celle-ci serait morte presque en naissant.

Je vous ai dit, Messieurs, que je voulais vous démontrer les tendances du Spiritisme dans sa partie morale; permettez-moi de m'occuper quelque peu de moi-même et de vous raconter deux épisodes de ma vie, terribles à coup sûr, mais qui se sont passés d'une manière très nette.

Il y a 22 ans, je vivais en pleine lune de miel, tout souriait autour de moi; la femme que j'avais choisie comme compagne de ma vie n'était pas pour moi une femme, mais un ange. La vie se déroulait heureuse et jamais je n'aurais pensé que cette félicité pût s'interrompre. Mais hélas! la femme que j'aimais tant fut frappée d'une maladie terrible, tout mon bonheur s'envola en un moment; pourtant jamais je n'aurais cru pouvoir la perdre pour toujours. La maladie prit d'alarmantes proportions; j'appelai la science à mon secours, j'appelai tous ceux que je pouvais pour la sauver, mais tout fut inutile. Son regard si expressif devint faible, indécis; ses lèvres roses se décolorèrent! son corps si souple devint rigide! le cœur cessa de battre et toutes mes espérances, tout mon bonheur, tout mon amour se changea, car par la mort du corps il ne restait qu'un cadavre.

Ah Messieurs! combien fut grand mon désespoir! je maudis tout ce qui m'entourait, et pour que personne ne vît mon chagrin, je m'enfuis dans les campagnes et je pleurai amèrement! Tout était mort pour moi! Pendant que je pleurais et me désespérais, les oiseaux remplissaient l'air de leurs chants; je me tournai vers eux et leur dis : « Pourquoi chantez-vous? Vous ne savez pas que j'ai perdu toute mon espérance, et tout mon amour! Vous ne savez pas que j'ai dans le cœur un désert et que je vivrai en me mourant! Vos chants sont une moquerie. Et toi rossignol, pourquoi fais-tu entendre tes airs modulés? Tu ne sais pas que le nid même que tu caresses est une pure fiction! Et vous vallées qui semblez devoir être les tombes de l'humanité; et toi soleil qui m'embrases, qui éclaire un tel drame, pourquoi m'accables-tu en un jour de tant de maux? » Une horrible tempête se déchaîna, alors dans l'espace; en voyant les éclairs livides et en entendant les grondements du tonnerre, il me sembla que cet orage était juste et que c'était bien ce qui devait arriver. (*Très bien! Très bien!*)

Je restai longtemps en proie aux plus cruels souvenirs, aux

plus tristes pressentiments qui s'évanouirent après ma conversion au Spiritisme, conversion que je ne vous détaillerai pas car vous savez ce que l'on ressent, ce qui se passe. Je vous dirai seulement qu'il y a six ans, j'avais de ma seconde épouse un fils charmant, âgé de neuf ans (pour les parents leurs enfants sont toujours gentils); il me caressait souvent et m'embrassait avec une tendresse toute particulière, en disant : *Père, quand tu seras vieux, je te donnerai à manger et je t'emmènerai promener comme tu le fais maintenant avec moi.* Je vous laisse à penser ce que ressentait mon âme. Mais hélas! une terrible maladie s'appesantit sur mon fils : son corps vif et gracieux s'affaiblit, son regard plein de vive expression devint languissant, indécis. J'eus alors recours aux vérités spirites; je me souvins que mon fils ne mourrait pas, mais qu'il renaîtrait et pendant qu'il rendait le dernier soupir, je voyais la tranquillité de sa nouvelle vie, de son progrès nouveau. Je dis alors à ceux qui m'entouraient : « à l'horloge terrestre sonne la dernière heure de l'existence d'un corps, mais l'horloge de l'espace marque la première de l'existence d'un esprit. Mon fils ne meurt pas, il se transforme; il brillera bientôt dans le monde des esprits : Respectons la volonté de Dieu. » (*Applaudissements.*)

Bientôt un désir s'empara de moi : quelle position occupera mon fils dans le monde spirituel? Aura-t-il à souffrir pour quelque faute de ses existences passées? Mais non; je me disais en moi-même : ton enfant était bon, il aimait beaucoup les pauvres et était toujours le premier à demander pour eux. J'ai alors demandé à Dieu de me permettre d'apprendre l'état de mon fils; je demandai à mon fils une preuve de sa position, mais je désirais une preuve extraordinaire pour qu'il ne pût y avoir substitution. Elle ne se fit pas attendre; à une des réunions que nous avons chaque dimanche, l'esprit de mon fils se communiqua et le fit d'une manière si particulière, il donna tant de preuves que la famille le reconnut bien longtemps avant qu'il ne donnât son nom. Cet esprit m'appelait père, me donnait des preuves d'un grand et pur amour, il me découvrait les beautés de la création et de la nature d'une manière que je n'avais jamais sentie ; sa position était tranquille, élevée, pleine de paix et d'allégresse. Il me serait impossible de vous peindre l'immense joie qui s'empara de moi; et à toutes les mères qui avaient perdu leurs enfants, je disais : ne pleurez pas, car vos fils ne sont pas morts; ils vivent dans l'infini. A tous les enfants qui avaient perdu leurs parents, je disais : ne pleurez pas, car vos pères vivent de la vie éternelle. Ma maison était trop étroite pour contenir ma joie; il me fallait rendre grâces à Dieu au milieu de l'immensité : je m'enfuis donc au milieu des campagnes; j'élevai ma prière vers le grand Créateur, et je manifestai ma gratitude envers le Père de tout l'Univers. Tandis que mon cœur reconnaissant s'élevait vers Dieu, les oiseaux chantaient; en les entendant je me rappelai que, dans une autre occasion, je les avais sévèrement interpellés, et je leur dis : « chantez! chers oiseaux, chantez! vos accents sont une éternelle harmonie qui s'unit à la beauté de la création; chante, ô rossignol, car le nid que tu caresses déjà n'est pas une fiction, mais une manifestation de la vie infinie dans ses multiples transformations; et vous, vallées qui me paraissiez autrefois les tombes futures de l'humanité, je vois aujourd'hui que vous êtes le lieu où se développe la vie d'une multitude d'êtres; le lieu où ils croissent, s'agitent et se développent; et toi soleil, qui éclaires un système de mondes, tu es un témoignage de la toute-puissance divine, et je te bénis. » Pendant qu'ainsi je me livrais à la joie dans la contemplation de la création, je vis au loin l'arc-en-ciel qui commençait à pâlir : c'était l'arc-en-ciel de la terrible tempête! (*Applaudissements.*)

Croyez-vous, Messieurs, que cette communication des pères avec leurs enfants et des enfants avec leurs parents ne se produira pas dans toutes les classes de la société? Croyez-vous que l'humanité repoussera toujours les investigations de ces relations spirituelles qui apportent tant de consolations? Non, Messieurs! la communication atteindra jusqu'aux grands de la terre et leur dira : il est vrai que vous avez le pouvoir, mais hélas! malheur à vous si au lieu d'être des protecteurs vous êtes des bourreaux! malheur à vous si vous faites couler le sang! car à l'heure suprême de votre transformation, vous rencontrerez ceux que vous aurez opprimés; le sang versé vous entourera et vous ne trouverez dans l'espace aucun lieu pour cacher votre horreur et votre honte.

Si, au contraire, vous êtes ce que vous devez être, si vous considérez qu'au-dessus de vous se trouve l'Auteur de la loi; si vous aimez, protégez et traitez comme vous le devez vos sujets, vous serez grands sur la terre et dans l'espace et à l'heure suprême de votre transformation, vos obligés vous acclameront et donneront à votre science la satisfaction et la joie.

La communication apprendra et prouvera à la dame aristocratique qu'il faut non seulement orner son corps, mais aussi son esprit; elle lui montrera que l'être qui ne pense qu'à lui seul est le plus pauvre dans le royaume de Dieu.

La communication dira aux riches : il est vrai que vous avez le pouvoir de l'or; mais malheur à vous si vous ne rendez pas service à vos semblables; malheur à vous si vous oubliez le commandement sublime : aime ton prochain ! malheur à vous si vous gardez tout pour vous seul ; car vous resterez enchaînés dans les fers que vous aurez forgés ! Et quand viendra l'heure de la transformation, votre esprit ne trouvera aucune voix amie, aucune parole de consolation, aucune espérance et il restera perdu dans l'espace infini, entouré des plus épaisses ténèbres. Mais si vous avez en vue le bien général, si vous vous souvenez de la solidarité et de la protection mutuelle, si vous soulagez et consolez vos semblables, si vos richesses ont un but utile au progrès humain, alors la reconnaissance sera votre patrimoine dans le monde futur; votre esprit sera acclamé et entouré d'esprits amis, et vous comprendrez combien vous avez travaillé pour vous en pratiquant sur la terre la justice et l'amour! (*Applaudissements*.)

La communication se manifestera aux opprimés et aux malheureux; elle leur fera de grandes promesses, leur ouvrira le chemin de l'oubli et de l'espérance et leur dira : Bienheureux ceux qui souffrent et qui ont faim et soif de justice. Elle leur montrera les libertés qui attendent dans le royaume de Dieu ceux qui furent opprimés sur la terre, et les angoisses réservées aux oppresseurs; l'espérance et la résignation pénètreront alors en leurs cœurs et ils souffriront avec calme les tourments de la vie.

Ce que je vous dis là, Messieurs, est un fait pratique, et pour le prouver, j'ajouterai que dans notre Congrès, j'ai l'honneur de représenter une société spirite formée par 32 affligés qui souffrent et purgent leurs condamnations. (*L'orateur tire une lettre et la lit.*)

« Monsieur D. Miguel Vives: Très cher frère, »
« Nous vous remercions de vos exhortations et nous ressen-
« tons une immense joie en apprenant qu'un Congrès interna-

« tional spirite va se célébrer. Nous regrettons vivement de ne
« pouvoir y prendre part ; cela nous est impossible ; mais nous
« vous supplions de vouloir bien nous y représenter, et de pro-
« clamer en plein Congrès que 32 individus furent autrefois
« criminels, et qu'aujourd'hui ils se repentent et pardonnent à
« leurs ennemis, qu'ils désirent revenir à la vie libre pour
« montrer le changement produit en eux par le Spiritisme.

« Nous ne pensons plus qu'à notre réforme morale et à celle
« de l'humanité.

« 32 affligés vous saluent et désirent la protection de Dieu. »
BAGNE DE TARRAGONA. (*L'orateur continue.*)

Ceci est écrit par 32 criminels qui avaient perdu toute conscience, par 32 hommes qui haïssaient la société, parce qu'ils se considéraient comme étant complètement seuls, abandonnés de tous, et croyaient avoir perdu les dernières considérations sociales. Pauvres frères ! Ils avaient eu cependant une mère qui les avaient bercés, qui les avait aimés et couverts de baisers dans les élans de l'amour maternel... Après avoir lutté dans la vie pendant de longues années, ils étaient arrivés à ce terrible état où l'on souffre à la fois du châtiment que la justice inflige et du mépris de tous.

La communication avec les esprits s'est manifestée à eux ; elle leur a fait entendre une voix aimante qui venait réveiller en eux des espérances perdues ; ils ont cherché des livres et des brochures spirites ; ils étudièrent, firent des recherches et enfin se convainquirent qu'il existe un moyen à l'aide duquel les portes du progrès sont ouvertes à tous, à l'aide duquel le criminel peut devenir un être parfait, grâce au repentir et à la pratique du bien, qui prouve que le grand ouvrier est éternel, comme la vie et l'espace sont éternels ; ils crurent enfin que la loi, qui dirige et domine l'univers est l'amour. (*Très bien, très bien.*)

Le Spiritisme leur prouva ces faits d'une manière si éclatante, que ces hommes se prosternèrent devant la grandeur de Dieu, devant la magnificence de celui qui les attend, devant le progrès et la vie éternelle promise par le Spiritisme, démontrée par la communication des esprits morts et des esprits vivants ; et ces hommes qui avaient tout perdu, se trouvèrent au milieu des grandeurs là où le Père attend toujours le fils prodigue ; ils y trouvèrent une grande famille qui aime tous ses frères, qui se régit selon la loi d'amour ? Ces hommes qui haïssaient tout, pardonnent maintenant, aiment et espèrent, supportent avec résignation leur arrêt, et attendent seulement le moment de pouvoir prouver que, de criminels, ils sont devenus les apôtres de la vérité, de la morale et de l'amour. (*Bruyants applaudissements.*)

Je crois vous avoir montré les tendances du Spiritisme dans sa partie morale; mais pour vous en donner encore une preuve, j'ajouterai : quand viendra pour moi le dernier moment de ma vie matérielle, je ne vous dirai pas un adieu éternel; j'embrasserai mon épouse et ma fille et je vous dirai : A bientôt.

Il ne me reste plus qu'à vous féliciter de l'heureux résultat de vos travaux et j'ajoute : si un jour mes frères d'Italie m'appellent, j'irai en Italie: si ce sont ceux de la France, j'irai en France; je traverserai même les mers pour répondre à l'appel de mes coreligionnaires, et je crois que vous en ferez autant pour donner à tous une preuve que les spirites ont pour patrie le monde entier, pour famille l'humanité entière. J'ai dit.

Longtemps résonnent de frénétiques applaudissements; beaucoup de délégués et d'assistants embrassent l'orateur.

Le président, M. P.-G. Leymarie, s'exprime ainsi :

Je félicite M. Vives, l'orateur inspiré qui vient de parler et que vous avez applaudi à juste titre, car nous sommes tous sous le charme de sa parole. Je remercie notre frère Vives pour son salut fraternel aux délégués de tous les pays venus à ce Congrès, et pour ses bienveillantes paroles à mon adresse, car je ne suis qu'un simple serviteur de la cause. En tous cas il a rendu hommage aux apôtres du libre examen dont l'esprit est imprégné de justice, qui aiment notre doctrine bienfaisante et la veulent scientifique pour ne pas la faire dévier de la voie de la libre recherche tracée par le maître vénéré Allan Kardec.

Frères et sœurs félicitons-nous des progrès que le temps accomplit lentement, mais avec suite; au moyen âge, même ici, il y a trente ans, l'obscurantisme catholique fait d'ignorance, voilait toutes les manifestations de la libre-pensée, et cependant nous sommes réunis, et nous nous exprimons devant un public sérieux, sans restriction, en face de toutes les manières de penser politiques, sociales ou religieuses, et c'est bien là le triomphe de l'idée moderne, je pense?

Je regrette amèrement de ne pouvoir m'exprimer en espagnol, à l'aide de votre langue si expressive; puissent les maîtres en savoir, nous élever désormais de manière à nous apprendre plusieurs langues en même temps; l'enfant qui cause correctement, à l'aide de plusieurs idiomes, possède plusieurs existences simultanées, car il vit avec les génies qui ont honoré ces langues diverses.

Ne possédant pas encore cette faculté de linguiste, et en attendant qu'elle se généralise, bénissons les novateurs et aimons nos confrères de la Presse, ces amis de la vérité qui nous reconnaissent comme gens de progrès et d'étude, qui vont nous aider à répandre nos idées si pratiques et si larges; remercions-les pour leur assiduité aux séances du congrès, pour l'intégrité et la loyauté de leurs comptes rendus.

Bénissons Guttemberg, dont l'invention permet à nos imprimeries de reproduire la pensée humaine dans tous les formats, et la rend accessible à toutes les intelligences.

Bénissons Edison, le spiritualiste, le médium américain, l'éminent ingénieur qui se sert de l'électricité pour mieux éclairer nos demeures et nos cabinets de recherches scientifiques, qui trouve le moyen de rendre éternelle, toujours vivante et vibrante la parole humaine réputée chose fugitive.

De ce siège présidentiel que vous avez bien voulu me confier, permettez-moi d'offrir toute ma gratitude, et celle des délégués, à la belle Espagne si bien représentée à ce Congrès, et spécialement à la noble et illustre ville de Barcelone. (*Applaudissements répétés.*)

Demain à notre dernière séance publique, d'autres orateurs vous entretiendront de choses sérieuses, et nous vous convions à cette fête de la libre-pensée spirite; merci à nos invités de cette soirée, lesquels, en nous honorant de leur présence, nous ont écouté avec une si respectueuse attention, ce qui est rare lorsqu'il y a des milliers d'auditeurs.

A demain soir, à 8 heures 1/2 précises.

3ᵉ *session publique*, 10 *septembre* 1888.

Le secrétaire M. *Sanz y Benito* lit le procès-verbal du 9 septembre qui est approuvé.

Le secrétaire M. *Moret* lit une liste de nouvelles adhésions.

Le président de l'Académie internationale des études spirites et magnétiques de Rome, le Chevalier Ungher, président de la séance, invite *M. Casanovas* à parler.

M. Casanovas: Mesdames et Messieurs, recevez le baiser fraternel du plus humble des ouvriers de la cause régénératrice dans l'ordre des nouvelles idées. Permettez que, comme esprit reconnaissant, j'envoie un salut à celui d'Allan Kardec que j'ai toujours admiré pour sa valeur et sa constance ; sa valeur pour sa profession de foi spirite devant une société si occupée des idées traditionnelles, sa constance pour celle qu'il prouva en synthétisant un nombre infini de notes et d'idées distinctes qui forment un ensemble digne d'être étudié par l'humanité entière.

Je salue, à cette occasion, ses continuateurs : M. Leymarie, tous les frères de France, de l'Europe et de l'Amérique, les dignes représentations de l'Académie internationale romaine, nos frères de l'Italie libre ; j'étends cette bienvenue à tous les êtres, ceux qui peuplent la terre et ceux qui vivent dans l'espace.

Voici le thème que je vais défendre : Déduction de l'immortalité de l'esprit par l'étude des faits.

En étudiant les faits historiques et leur marche progressive, nos principes n'ont rien de nouveau ; ils ont marché avec l'humanité depuis sa création sans être admis, les intelligences n'étant pas préparées ; l'étude seule devait nous donner le secret des lois naturelles.

Le Spiritisme, rejeté hier, rappelle aujourd'hui l'attention et trouve parmi les adeptes des personnes de grand poids pour démontrer qu'il ne s'impose qu'aux intelligences studieuses et éclairées.

Bon nombre d'écoles nous ont combattu parce que nous nous appelions spirites, et cela dans un but intéressé car nous avons considéré que, en dehors de la matière grossière, il existait une force supérieure que nous appelons essence ou esprit ; les sectes l'ont nommée âme pour des fins peu louables.

Les spirites, amis de la vérité, n'ont pas été atteints par les épithètes dont on les a affublés; ils ont cherché la vérité vue, ils l'ont démontrée dans toutes les études sanctionnées par les différentes branches du savoir humain.

La divisibilité des corps qui a appelé notre attention plusieurs fois nous a forcé de nous demander si nous avions une âme ? A l'aide des théories anciennes, point de réponse ; aucune explication ne nous a satisfaits autant que le Spiritisme et savez-vous pourquoi ? Parce que nous n'y voyons plus ce divorce entre la raison et la foi, ni de privilèges exclusifs, mais l'harmonie parfaite dans tout ce qui détermine la vie ; l'intelligence existant pour équilibrer les forces, nous savons qu'avec une volonté égale, on peut arriver un jour à des résultats identiques. Ceci nous satisfait, parce que, la loi des privilèges n'existe pas et n'est qu'une loi créée par l'homme.

Le chimiste, le physicien, l'astronome répondent à nos aspirations que la mort n'existe pas ; avec ces sciences nous admettons la loi des métamorphoses, la loi du changement ; tout se décompose pour se refondre à nouveau dans un même ordre. Ainsi, par exemple, si nous brûlons un papier pour le détruire, le papier n'aura pas disparu, car ses produits solides, les cendres, se confondent avec la partie solide de la planète tandis que la partie volatile, la fumée, retourne d'où elle vient ; de même pour les métaux, et tous les solides, et tous les liquides.

Il suffit que nous prenions une rose, et la placions sur un guéridon pour la voir se subdiviser ; en entrant dans l'habitation où elle se trouve, point n'est besoin de demander en combien de parties ce corps s'est divisé ; l'une, la forme, nous la voyons, l'autre, le parfum ou l'essence, nous l'aspirons.

Les créatures humaines obéissent-elles à la même loi qui régit les autres corps ? Il en doit être ainsi, car, si par le changement atomique ou moléculaire, les corps prennent une vie corporelle identique, au moyen de la rénovation, l'intelligence, cette directrice de l'humanité, de qui recevra-t-elle la rénovation idéologique ? A ceci, la science répond en disant que l'intelligence renouvelle sa vie de sa propre intelligence.

Il en doit être ainsi, et le spirite le considère de cette façon, attendu que le corps qui se dépose dans la fosse laisse seulement les résidus qui lui servirent accidentellement d'intermédiaires pour la continuité des études de l'esprit humain incarné.

Nous comprenons le progrès en nous expliquant comment nos ancêtres sauvages (peut-être nous-mêmes), dans le principe, ne manifestèrent qu'une intelligence instinctive, tandis qu'aujourd'hui nous nous appelons des civilisés. S'il n'en était pas ainsi, s'il existait une loi pour les uns et non pour les autres, la Nature serait une marâtre, une mauvaise marâtre.

L'intelligence et le temps marchent d'un commun accord, attendu que les deux sont infinis : si nous convenons de l'existence de l'un, nous devons aussi convenir de celle de l'autre, et c'est ainsi que nous pouvons apprécier la marche consécutive du progrès. Tuer l'intelligence, en trancher le cours, c'est tuer le progrès.

Les écoles positivistes ont converti l'homme en un être inconscient de ses actes, qui a besoin d'un autre homme qui intercède pour lui auprès de la cause créatrice ; l'intercesseur donne au croyant la gloire, la tranquillité et le bonheur après cette vie ! Nos idées, nous élevant au-dessus de ces préoccupations enfantines nous enseignent que l'humanité n'a pas eu besoin de rédempteur, que la créature humaine est seule responsable de ses actes, attendu que les rédempteurs n'ont pas existé et n'existeront jamais pour qui ne veut pas se sauver.

Notre société actuelle est l'expression la plus vraie de ces déductions, parce qu'elle cherche par différents chemins à atteindre un même but ; le mot liberté, répété dans tous les coins du monde, est celui qui nous indique que nous allons à l'encontre de ce que nous désirons, auquel nous aspirons le plus, et que nous ne pouvons trouver, puisque l'on cherche encore la solution logique de notre divisibilité et la survivance de notre intelligence.

Donnez un libre cours à la pensée humaine, ne lui opposez pas d'entraves, ne l'enfermez pas dans un cercle restreint qui est sans contrôle, et collectivement unis, elle admettra un jour notre science.

Jadis, en fixant les étoiles, des intelligences se trompèrent, en vinrent à une lutte d'idée sur la rotation et la gravitation de la terre en relation avec les autres astres ; ce sont Hipparque et Ptolémée en face des conceptions astronomiques attribuées à Uranus, Johis, Zoroastre, etc. Copernic et Galilée font une démonstration plus exacte, plus concrète du ciel et c'est au moyen de la science mathématique, accompagnée de l'investigation télescopique que Galilée put démontrer que beaucoup d'étoiles n'étaient autre chose que des mondes, et Galilée fut regardé comme un fou; la Congrégation de l'Index le traita d'apostat et le fit mourir de chagrin.

Képler et Newton sanctionnèrent les dire de Galilée dont le nom est immortel.

Et ce qui arriva à Galilée arriva à Colomb, à tous les grands esprits qui ont étudié la marche progressive de l'esprit humain, en relation avec les lois de la nature.

Aujourd'hui nous admettons la pluralité des mondes habitables et habités; pour qui sont ces mondes? Devons-nous entrer dans un autre ordre de privilège? Tout ce qui existe a été créé pour le développement intellectuel, et si quelque chose existe plus loin que le présent, nous devons chercher à le connaître et la science nous enseigne à ce sujet ce que nous devons déduire en fait des mondes habités.

Qu'ils soient donc tolérants, puisqu'ils ne sont pas assez savants, ceux qui n'ont trouvé dans le Spiritisme autre chose qu'un motif de risées; qu'ils se souviennent des humanités antérieures qui ne surent pas donner de valeur aux faits, car si elles eussent été plus analytiques, elles eussent élevé les idées jusqu'à leur véritable niveau; ceux qui ne purent le faire alors, l'ont fait plus tard en vertu de la loi de leur immortalité, de leur perpétuité.

Soyons critiques, mais sachons l'être justement et réellement, et nous aurons établi le règne de la justice en accord avec la sainte loi du travail.

C'est ce que nous enseigne le Spiritisme, et sans nul doute, c'est ce que sanctionneront les générations successives; plus savantes que la nôtre, elles auront la satisfaction de vous démontrer « l'Immortalité de l'esprit » par l'étude de la science. J'ai dit. (*Applaudissements.*)

M. le Président. M. Leymarie a la parole.

M. Leymarie :

On me demande, à l'instant, de vous parler de la Ligue de l'enseignement et du Familistère de Guise; je le répète, il est regrettable de parler français à un public composé d'Espagnols :

Mes frères, rien de plus utile, pour augmenter l'affermissement de nos croyances, que de vous prouver sommairement jusqu'où peut conduire la volonté consciente et soutenue.

Je vais vous en présenter deux exemples vivants.

En 1863, se réunissaient : *M. Jean Macé*, professeur. — *Camille Flammarion*, astronome. — *Emmanuel Vauchez*, philosophe. — *A. Delanne*, négociant. — *P. G. Leymarie*, chercheur. — *M. A. Vautier*, investigateur. Ces six personnes désiraient fonder des bibliothèques populaires dans toutes les communes de la France; pour cette fin, ils s'adressèrent à leurs amis, leur demandant des cotisations annuelles, à partir de 1 fr. et au delà. La première année, on réunit une somme assez ronde. Cette Société des bibliothèques populaires s'appela : *Ligue parisienne de l'enseignement*. Ceci se passait chez M. A. Delanne, au début.

Des circulaires explicatives furent adressées à tous les maires de la France, les engageant à réunir des adhérents et au moins, une somme de 50 fr. Bientôt une foule d'entre eux répondit à l'appel de la Ligue de l'enseignement qui procéda ainsi que suit : A la somme envoyée par le maire d'une commune, elle ajoutait une pareille somme, ce qui la doublait; ainsi, à 50 fr. envoyés, elle ajoutait 50 fr., en tout 100 fr., avec cette somme elle obtenait des libraires, 35 0|0 de remise. Conséquemment on envoyait au maire de la commune, pour 135 fr. de volumes, et la Ligue payait encore l'emballage et le port. Vous le voyez, c'était tout simple à faire.

La Ligue n'imposait pas de conditions pour le choix des volumes, mais, en général, on lui demandait avis; elle dut former un catalogue de livres de choix, libéraux, pratiques et scientifiques; tous les éditeurs de Paris étaient à la disposition de la Ligue qui, pendant les quatre premières années, eut son siège social, chez M. P. G. Leymarie qui faisait le recouvrement des cotisations des adhérents; Mme Leymarie tenait la comptabilité ; tout cela gratuitement.

M. Leymarie, par la *Revue spirite*, fit appel à nos frères en croyance du monde entier et, pendant cinq ans, des milliers de francs, sortis des bourses spirites, alimentèrent la Ligue. Bientôt les hommes les plus considérable en politique, en science, en finance, voulurent appartenir à la Ligue, qui devint une puissance et prit le titre suivant : *Ligue française de l'enseignement*; tous les hommes de quelque valeur intellectuelle furent délégués par les milliers de groupes bibliothécaires de la France, au Palais du Trocadéro où, en 1873, Gambetta présidait une réunion de 1,500 délégués, l'élite intellectuelle de la France, les hommes de l'avenir.

Depuis, chaque année, lorsque la Ligue française de l'enseignement prend des décisions dans son Congrès, la Chambre des députés fait droit à ces décisions; on le sait, le patriotisme le plus pur, et le développement intellectuel, moral et républicain est le seul objectif de la Ligue qui a fondé plus de 1,000 bibliothèques dans les communes et dans les régiments,

Or M. *Jean Macé*, président de la Ligue, est spiritualiste; il est sénateur et décoré, c'est un savant vulgarisateur.

Or M. *Flammarion*, le célèbre astronome, était spiritualiste et médium à la création de la Ligue.

Or *Emmanuel Vauchez*, secrétaire général de la Ligue française de l'enseignement, homme de travail et de lutte, universellement estimé et respecté, était et est resté spirite convaincu.

Or *M. A. Delanne* était spirite, il est un des propagateurs éminents de cette philosophie.

Or *M. P. G. Leymarie*, qui s'est toujours occupé des questions sociales et d'enseignement, dirige la *Revue spirite* et la *Société scientifique du Spiritisme*.

Or M. A. Vautier est encore spirite, Mme Leymarie de même.

Donc six hommes de progrès, républicains progressifs, ont fondé la Ligue de l'enseignement, avec une énergie soutenue, avec le plus complet désintéressement, parce que le Spiritisme philosophique et scientifique leur indiquait que l'homme est solidaire de tous les autres hommes et que, plus que les autres, le spirite est responsable de ses actes.

La responsabilité des actes est, lorsqu'elle est bien entendue, le plus noble mobile de nos actes; par elle nous ouvrons notre cœur et notre âme à cette grande idée :

L'amour de l'humanité, car l'humanité est la véritable et sublime famille.

Donc le Spiritisme se démontre par des actes, il enfante de grandes choses.

Un homme éminent, M. Jean Guérin, de Villenave-de-Rions (France), soutenait et aimait la Ligue de l'enseignement, autant qu'il aimait le Spiritisme; il vénérait Allan Kardec et Roustaing, ces maîtres penseurs en Spiritisme, et cet homme eût fait de grandes choses si la maladie ne l'avait terrassé encore jeune et vaillant.

Une autre individualité remarquable parmi les spirites, *M. Godin*, mu par le sentiment et la plus haute raison, sachant que plus il était spirite, plus il était partisan de la solidarité entre les hommes et de la responsabilité des actes, a résolu une question capitale qui intéresse au plus haut point les travailleurs de tous ordres. Vous le savez, une division profonde existe entre le capital et le travail, division qui s'accentue chaque jour, qui nous menace de perturbations et de révolutions économiques et sociales; depuis 1789 le capital est devenu marquis et comte ; véritable noblesse de notre époque, il veut tous les droits, draine le travail national et reste intraitable devant les justes revendications des travailleurs. Or le travail a ses droits, ce semble, et l'ouvrier qui lit, qui s'intelligente, ne veut pas mourir de faim avec sa famille ; il monte à l'assaut de nos institutions vermoulues et il est le nombre devant le capital sans instincts généreux, qui ne sait point prendre quelque décision large, fraternelle et humaine.

M. Godin a résolu cette question de l'association du capital et du travail, et voici comment il a procédé. Fils d'un pauvre ouvrier du village de Esqueheries (France), il avait péniblement appris à lire et à écrire chez un maître d'école de sa localité. Il allait pieds nus, dans la boue et la neige; taciturne, il disait : *Il faudra changer ce mode d'enseignement*. Apprenti serrurier, tenace, travailleur, il vint à Paris où il apprit son métier, puis la mécanique, n'allant jamais au cabaret, gagnant des journées exceptionnelles pour son savoir-faire et son habileté. Avec ses économies il lisait beaucoup, suivait les cours du soir, se faisait partisan de l'école de Fourier, et connut alors tous les savants éminents, sortis de l'école polytechnique et qui étaient fouriéristes aussi.

Il avait économisé 6,000 fr.; il revint à *Esqueheries*, près la ville de *Guise, (France)* ; là il créa une nouvelle industrie, en remplaçant, dans la poêlerie, la tôle par la fonte. Il avait quatre ouvriers et leur dit : Vous gagniez avant moi tant par jour, je vous donne le double et en plus, vous êtes mes coopérateurs ; à la fin de l'année, vous avez telle part déterminée dans mes bénéfices ; si vous faites une invention utile à mon industrie, selon sa valeur elle vous sera payée de 100 fr. à 2,000 fr.

C'était l'initiative individuelle mise en jeu, et le génie de l'homme mis à l'épreuve; M. Godin eut 10, puis 20, puis 100, enfin 1,700 ouvriers à l'usine qu'il avait à Guise, et 800 ouvriers dans une autre usine, à Laeken, près Bruxelles (Belgique).

En payant une journée rémunératrice au travail, au talent et à l'inventeur, en leur donnant une part de ses bénéfices, il amassait des millions et possédait des établissements industriels de premier ordre.

Vers 1858, il résolut de réunir ses ouvriers dont les habitations disséminées sur la vaste étendue des routes et sujets à l'entraînement du cabaret, dans un palais social qu'il nommerait Familistère ; la femme devait y trouver des avantages précieux, et l'enfant une instruction et une éducation supérieure. Ce serait un palais quadrilatéral, à quatre étages et quatre escaliers aux quatre angles, très larges, desservant les vastes et larges galeries des quatre étages ; les cours couvertes par un dôme en verre ; 500 familles seraient logées dans un palais où tout aurait été prévu, car, en bâtissant les murs, on disposait des conduits qui pouvaient apporter à chaque logement l'eau et le gaz, et si on le voulait, la chaleur en hiver, la fraîcheur en été. Magasins généraux aux rez-de-chaussées où se trouveraient réunis tous les produits nécessaires à l'alimentation et au vêtement ; produits achetés directement au producteur pour supprimer les intermédiaires qui grèvent du double et du triple ce que le travailleur achète.

Cette idée est réalisée en fait depuis longtemps.

Il y a bibliothèque, journaux, musique et théâtre. Chaque soir les habitants du Familistère, réunis en commissions, résolvent les questions qui les intéressent : achats, instruction, vérification des comptes, justice familiale exercée avec autorité et toujours respectée. L'habitude donnée à tous de vérifier, d'avoir l'œil sur tout, afin que la vérité seule règne au logis des coopérateurs, fait que ces investigateurs vérifieront aussi les affaires du gouvernement, y mettront de l'ordre et forceront les employés de ce gouvernement, juges, soldats, professeurs, prêtres, administrateurs des deniers publics, à mettre un jour l'intérêt de tous en première ligne. Plus de fainéants et d'inutiles, rien que des producteurs.

En conséquence M. Godin a obtenu ces résultats : La maison d'habitation près de l'atelier, l'école de même ; le père n'étant plus arrêté par le cabaret, l'enfant placé toujours sous la surveillance de sa mère et de ses professeurs ; à l'école la fille et le garçon sont assis sur les mêmes bancs, reçoivent la même instruction, se respectent, ne se livrent jamais à aucun désordre, ce qui donne deux démentis à l'église catholique et romaine qui sépare les sexes pour mieux les dominer, qui prétend que la femme est inférieure à l'homme. Aux États-Unis comme à Guise, l'école mixte a prouvé que, à dose égale d'instruction, et d'éducation, la femme était l'égale de l'homme.

M. Godin prend l'enfant au sortir du berceau et le suit de la nourricerie à l'école, jusqu'à l'âge de 14 ans, l'initiant aux choses sérieuses par des méthodes pratiques, simples, qui lui font tout apprendre en chantant et en riant. L'enfant c'est la bonne semence sur laquelle il faut veiller si l'on veut que d'elle sorte de bon grain ; la nation sera ce que vaudra l'enfant devenu viril et conscient de ses actes.

M. Godin qui a réalisé ses palais sociaux (car aujourd'hui il y a quatre quadrilataires qui logent 1700 familles), et qui, après la coopération a fait l'association, c'est-à-dire l'union du capital et du travail, a prouvé que, de leur union, dépendait la solution du grand problème du paupérisme, et le moyen de donner à l'ouvrier et sa famille tout les avantages que possèdent seuls des millionnaires. En mourant, en janvier 1888, il a laissé sa fortune à l'association du Familistère de Guise; association qui a prouvé que le capital et le travail, partageant également les bénéfices d'une industrie, augmentent leur puissance respective et leurs revenus, et donnent la preuve expérimentale que l'homme peut s'unir, s'aimer, écarter les préjugés, tous les sujets de haine entre classes, toutes les causes de révolutions.

Ce grand honnête homme, M. Godin, ce spirite convaincu qui a accompli une grande œuvre en rendant hommage à ses croyances, a dû lutter pendant vingt ans, contre les prêtres et les propriétaires de son pays qui considéraient son œuvre comme diabolique; marié sous le régime de la communauté, M. Godin a vu sa femme, guidée par les prêtres, lui intenter un procès qui a duré dix-huit ans; le gouvernement de l'empire secondait ces agissements contre ce spirite socialiste, si sage, si prudent, si humanitaire, estimé et honoré des penseurs du monde entier. Il fut consolé, aidé, soutenu par sa seconde femme, Mme Marie Moret, femme supérieure, spiritualiste et grand penseur.

Ce petit ouvrier qui a marché les pieds dans la boue était devenu un grand industriel, un organisateur pratique, un penseur et un écrivain remarquable, un chimiste, un physicien, un mécanicien, un commerçant hors ligne, un député, une intelligence supérieure; qui lui avait appris ces choses-là ? Comme il n'y a pas de miracle, mais des lois et des effets qui proviennent d'une cause, M. Godin savait que pendant ses existences précédentes, ses travaux antérieurs lui avaient donné toutes ces puissances, et que l'ouvrier pauvre possédait *dans son moi conscient* le germe voulu pour devenir un génie, *un homme de bien, un bienfaiteur de l'humanité.* (*Grands applaudissements.*)

M. le Président : le D' Sanz y Benito a la parole.

Mesdames et Messieurs, chers frères et amis : Mon âme est en peine de ce que ma pauvre intelligence et mon humble parole aient été chargées de développer dans ce Congrès où des voix si autorisées et si éloquentes se sont fait entendre, un thème bien supérieur à mes forces : démontrer que la doctrine spirite n'est pas seulement religieuse et morale, mais encore scientifique ; qu'elle résout un grand nombre de problèmes proposés mais non résolus jusqu'à ce jour; que rationnelle dans ses principes et évidente par ses résultats, elle tend à fonder les bases de la science universelle.

De même que la lumière dévie de sa première direction en traversant un cristal par la réfraction de ses rayons, les idées se séparent de leur première pureté quand elles sont interprétées par des intelligences bornées comme la mienne. Cependant, de même qu'à travers le cristal nous pouvons contempler le panorama qui se présente à notre vue, moi aussi je voudrais que malgré la réfraction que doit souffrir maintenant la doctrine spirite, vous puissiez contempler la grandeur de cette même doctrine.

Ah ! Messieurs, à peine l'esprit se fixe-t-il sur le progrès des idées à travers les temps, qu'on s'étonne que ce qui fut considéré un jour comme grand soit regardé plus tard comme petit, et que ce que l'on méprisait comme insignifiant s'agrandisse ensuite jusqu'au point de ne plus être reconnu. Cette terre sur laquelle nous nous sommes considérés durant bien des siècles comme immobiles dans l'espace, et à laquelle les astres du firmament servaient de cortège, qui était le siège du *roi de la création*, est aujourd'hui, avec juste raison, en vertu des découvertes astronomiques, comme une goutte d'eau perdue dans l'immensité des mers, tel qu'un grain de sable que le simoun élève dans le désert, et moins encore, comme un atome dans l'infini ; et de ce rang auquel l'éleva l'ignorance astronomique elle est descendue au rang de simple planète, ayant besoin de lumière et de chaleur, du mouvement et de la vie des autres astres. De la même manière, la doctrine spirite, laquelle, il y a peu, était considérée comme un passe-temps d'oisifs, ou comme une préoccupation d'ignorants, est aujourd'hui le premier astre qui illumine le champ de l'investigation scientifique pour étudier un monde toujours rêvé, mais jamais sûr, et qui se montre aujourd'hui à nous radieux de lumière et de beauté. De lui on ne pourrait rien tirer au clair, si non le mouvement de quelques meubles ! De là, cependant, a surgi une doctrine qui prétend établir les bases de la science universelle fondée sur des principes évidents, et dérivée de faits ordinaires, comme d'un fait ordinaire dériva la découverte de la gravitation universelle.

Il est impossible de nous diriger dans les investigations scientifiques par le seul fait des sens matériels, car leur portée est très limitée et souvent ils nous induisent en erreur si la raison ne nous avertit pas de leur fausseté. Ces astres chevelus, comètes errantes, qui nous étonnent à première vue, autrefois terreur des âmes simples, fatidiques augures des calamités sans nom, sont pour notre raison des mondes en formation qui, au lieu de produire des maux, paraissent destinés par la Providence à renouveler l'hydrogène et le carbone pour d'autres mondes usés par leur activité vitale. Ainsi, le phénomène de la mort dans lequel la vue n'aperçoit autre chose qu'un cadavre qui repose inanimé et raidi, dont les forces s'annihilèrent avec le dernier mouvement du cœur et le dernier râle d'agonie, où tout, en apparence, nous donne l'idée de la mort comme étant la perte de la vie, comme la fin de l'existence d'un être aimé, la raison démontre que cette mort n'existe pas ; cet être n'interrompt pas un instant sa vie, il entre dans une nouvelle phase d'existence et de transformation, dans une nouvelle étape de son progrès. Ses forces, loin de diminuer et ses facultés loin de se détruire, auront plus de force, plus d'énergie ; c'est un autre état où la relation entre son individualité avec la création se vérifiera d'une manière plus facile et meilleure.

Mais je disais, Mesdames et Messieurs, que la doctrine spirite présente la solution de plusieurs problèmes importants dans le champ de l'investigation scientifique ; ainsi elle nous démontre qu'elle ne prétend pas être une autre religion positive, avec de nouveaux dogmes, de nouveaux rites et cérémonies, avec une cour de prêtres qui vivent au dépend des autres, sous le prétexte de leur ouvrir les portes d'un ciel, ou par la menace de les précipiter dans le feu éternel s'ils n'obéissent pas à leurs ordres; la doctrine spirite vient ajouter son grain de sable au grand œuvre du travail humain qui, par l'effort des générations successives a reculé peu à peu ses limites.

L'un de ces problèmes si importants, attendu que de lui dépend la solution de beaucoup de questions, est celui qui se rapporte *à la force* et *à la matière*. Sont-ce deux choses distinctes ou une seule? La force dépend-t-elle de la matière, ou est-elle simplement une propriété de celle-ci? La doctrine spirite fait voir qu'elle n'existe pas cette dualité d'éléments et de distinction essentielle entre la forme et la matière, que toutes les forces pour subtiles et éthérées que nous les supposions se manifestent toujours à nous comme matérielles, et par conséquent que la force n'est autre chose qu'un *état* de la même matière, un plus grand degré d'activité opérant sur des états inférieurs, et que ce que nous nommons matière est un autre état à un plus haut degré de passivité; il existe, par conséquent, une simple relation de cause à effet, mais sans que jamais les éléments soient distincts ni séparés. Les forces les plus subtiles sont toujours les plus puissantes, les plus influentes, celles qui pénètrent les autres, produisent les résultats les plus importants; une série indéfinie d'états matériels existe depuis le plus dense de la matière solide, appréciable à nos sens, jusqu'au plus éthéré et dynamique, qui meut et anime grand nombre d'autres états inférieurs, mais qui échappe à nos sens.

Par conséquent ce n'est plus l'unité de force et l'unité de matière que nous affirmons, mais l'unité d'éléments cosmiques dans la création.

De cette manière l'esprit même n'est pas un être abstrait, sans forme déterminée en le considérant en dehors de l'organisation charnelle, mais il est un être limité et circonscrit par la matière, laquelle reçoit la force animée; la matière est le moyen, le véhicule avec lequel l'esprit réalise ses actes et vérifie ses opérations, en agissant toujours pour la matière et par la matière.

Si donc la force, sans cesser d'être matière, opère comme élément moteur de la matière plus condensée, la force est un état particulier de la matière en activité; si nous supposons un volume quelconque de matière agissant expansivement, sans force, qui lui fasse contrepoids quelque petit qu'il fût, il arriverait à remplir l'espace infini; au contraire, si la force centripète agissait seule, quelque grande qu'elle fût, ce volume se réduirait en un point mathématique, parce que, l'espace, le temps, l'éternité, n'ont pas de réalité ; ce sont des relations de l'infini, non le fini que nous établissons.

Un autre point très important, impossible à résoudre jusqu'à ce jour, c'est celui qui se rapporte à *l'union de l'esprit et du corps*. Considérés comme deux éléments de différentes natures et par quelques-uns, comme Descartes, de nature incompatible, l'homme était considéré comme le résultat de l'union de deux entités opposées, la combinaison bilatérale de deux éléments différents, l'esprit et le corps, en acceptant la définition Aristotélique de l'homme comme animal rationnel. Mais pour le Spiritisme l'homme n'est pas l'union ou la composition de deux éléments divers, l'homme est simplement *un esprit incarné, l'esprit rationnel en fonctions organiques et correspondantes à son état*; le corps étant un moyen temporel de relation entre notre être et le monde externe, sert à transmettre à l'esprit les impressions qu'il reçoit de l'extérieur et l'esprit les modifie par l'activité qui agit et réagit à l'extérieur par son concours.

Ainsi s'explique la diversité d'inclinations, l'amplitude dans le développement des facultés, et la différente intensité dans l'activité que les êtres montrent dès leur enfance, parce que, les pères ne sont pas, comme on le dit vulgairement, ceux qui donnent la vie; ils ne sont pas la cause génératrice, mais bien des *intermédiaires générateurs*, afin que notre être puisse se manifester dans une phase déterminée d'existence que nous appelons incarnation ; notre être préexiste à l'organisme, il est toujours un, intégral et entier, individuel et indivisible, antérieur donc à la nature charnelle.

Comme les philosophes et les saints Pères qui se sont occupés de cette question, prenaient l'existence de l'esprit depuis le moment de la génération, et quelques-uns de moments postérieurs, ils ne pouvaient rationnellement expliquer cette diversité d'aptitudes et de tendances que les êtres montrent entre eux. Ils ne pouvaient pas non plus s'expliquer ces différences par l'influence germinale, comme les matérialistes ont voulu le faire, parce que, dans la reproduction organique, il ne se transmet que des mouvements, et des forces matérielles dont l'activité persiste plus ou moins de temps, mais sans qu'il se produise là, ni se développe le moindre atome d'intelligence ni la moindre manifestation de l'instinct.

Donc, si notre être est antérieur et supérieur à l'organisme transitoire qu'il prend comme moyen de relation, l'incarnation ne consiste pas dans ce fait que l'esprit s'est uni à un organe déjà existant, ni en ce que le corps précède l'incarnation de l'esprit, mais bien en ce que l'incarnation est un acte simultané du développement de l'être.

En plus, on ne peut admettre la co-existence de notre esprit avec la vie charnelle ; il faudrait accuser la cause absolue d'arbitraire, attendu que si les êtres commençaient à exister au moment de naître à la vie planétaire, les uns auraient de grandes tendances et facultés, et d'autres des facultés très limitées ; des inclinations ne tarderaient pas à se manifester. Les premiers seraient génies bienfaisants, les seconds des idiots, des fous et méchants.

Cette question est liée à celle de savoir *si les êtres progressent par la virtualité des organes, ou si, au contraire, l'activité psychique est celle qui imprime dans les êtres le développement et l'amplitude des facultés.* Jusqu'à présent la science paraît se décider pour la théorie darwinienne qui proclame l'adoption organique, et la sélection naturelle, comme lois qui déterminent le changement et la modification des êtres sur les différents points du globe. Le Spiritisme prétend donner une explication plus rationnelle du progrès successif des êtres, en ne considérant pas ces lois comme cause, mais bien comme effet. Ce ne sont pas les organes qui se transforment, se modifient en passant d'une espèce à une autre, qui produisent l'avancement et le développement de l'esprit ; l'esprit, au contraire, se développe, se perfectionne et dans son activité essentielle, il acquiert chaque fois des conditions de vie plus parfaites, relatives à l'état dans lequel il peut temporairement se manifester. L'adaptation, et la sélection naturelles, correspondent par conséquent à l'élément intelligent qui dans les états indéfinis qu'il acquiert, s'accommode des formes organiques pour son état de perfectionnement.

Ceci ne veut pas dire que les organes ne progressent pas. Si toute fonction développe l'organe, il est naturel que les êtres se développent et progressent dans les organes, lesquels à leur tour, se développent et progressent eux-mêmes, mais il est bien différent que ce progrès soit dû à la virtualité de la transformation organique, ou qu'il soit dû à la spontanéité et à l'activité de l'être qui anime l'organe.

De cela on déduit que les êtres ne sortent pas d'un germe ou cellule, qui contient en soi les formes déterminées, et par lesquelles l'être doit nécessairement passer, en se développant en vertu de l'efficacité organique et en temps indéterminé; les êtres sont, et existent, indépendamment des formes organiques, (sans pour cela être indépendants de la forme matérielle), et ne sont pas soumis à des formes déterminées ou fixes, mais en vertu de leur développement essentiel, plus ou moins grand suivant leur propre activité; ils peuvent opérer sur des organes différents, sans avoir à passer par une échelle précise d'adaptation organique.

Donc la théorie unicellulaire n'explique pas, ni ne satisfait, quand on cherche à connaître le commencement et le développement successifs des êtres.

Et puisque les êtres préexistent à l'organe, par conséquent notre esprit est antérieur à ce moment de sa vie éternelle que nous appelons vie planétaire, ou incarnation; on me demandera *d'où tire-t-il son origine?* Dans la raison absolue, dans sa manifestation créatrice; et comme tous les êtres ont la même origine, nous ne pouvons pas admettre l'opinion de certaines écoles philosophiques et religieuses qui soutiennent la création d'êtres de nature distincte, les uns supérieurs ou anges, les autres inférieurs ou hommes. Cette dualité n'existe pas dans la création; *les êtres sont tous égaux en essence et en nature*, et les différences qui existent entre eux, pour grandes qu'elles nous paraissent, sont seulement *d'état*, de grade, de progrès dans leur perfectionnement éternel.

Pour éclaircir cette idée offrons-en un exemple : Observez le diamant extrait des entrailles carbonifères et remarquez qu'il n'offre aucun point brillant; mais à mesure que le lapidaire le polit et taille ses facettes, il acquiert le brillant, et ses feux splendides réfléchissent la lumière qu'il reçoit : Est-ce parce qu'il a changé de nature? Non; seulement il a été poli, mais il est aussi carbone après qu'il l'était avant. De la même manière, l'esprit dans l'existence terrestre et par le développement essentiel de son activité, va se perfectionnant, polissant sa nature, réfléchissant chaque fois davantage la lumière de la vérité qui jaillit dans l'univers, mais restant toujours le même, essentiellement identique.

Et comme l'être participe de la cause qui le produit, et cette cause étant infinie, tous les êtres ont une nature à développer à l'infini, ou, en d'autres termes, le progrès n'a pas de fin, ne peut avoir de terme, parce que l'être contient une nature essentiellement parfaite et infinie. Réellement le fini n'existe pas comme état permanent; tous les états dans l'être sont transitoires et changeants, réalisant l'être, sa nature, par une série d'états sans termes qui multiplient et constituent son activité, et élargissent le cercle de son irradiation. De cette façon, la créature humaine est limitée quant à sa manière d'être, par ses propriétés, ou les relations qu'elle conserve avec le monde extérieur, et qui doivent se multiplier indéfiniment, mais toujours infinie quant à son être éternel et progressif. Ainsi l'on comprend que, les effets de la nature étant anologues aux causes, Dieu, cause absolue de l'univers, ait créé ou produit les êtres, les dotant d'une nature essentiellement parfaite, comme germe qui doit grandir à l'infini par son activité.

Les incarnations ne sont que des phases ou états temporels de la vie éternelle de l'être. Comme pour étudier les mouvements de la planète il faut les rapporter à ceux du soleil et des autres astres de notre système, pour étudier l'importance et le mérite d'une vie planétaire il faut avoir en vue ses relations avec d'autres phases antérieures.

La création n'est pas, comme on l'a supposé, une glorification externe du Créateur. Dieu ne croit pas, ou ne produit pas par nécessité ni pour sa gloire; la création, comme expression de la volonté et de l'intelligence divine est contemporaine à Dieu dans l'éternité, et *sa loi est l'amour infini* qui préside aux autres lois de l'univers, la loi suprême à laquelle sont subordonnées les autres lois de la création. Le héros et le martyr que l'on sacrifie dans les holocaustes d'une idée, la mère qui donne sa vie pour sauver celle de son enfant, le savant qui consacre la sienne à la découverte d'une vérité utile à ses semblables, marchent tous avec réflexion et poussés instinctivement par cette suprême nécessité d'aimer qui est l'expression la plus sublime de la vie de l'esprit. Dieu ne nous apparaît pas comme Providence éternelle veillant au progrès de ses créatures, n'intervenant pas par caprice pour réaliser des cures merveilleuses ou pour varier les lois de la nature, mais poussant tous les êtres à s'aimer plus, et à se pénétrer plus, à unir leurs efforts, à étendre leur activité pour sentir et mieux participer de leur nature. De sorte que, si les êtres progressent, si les êtres avancent, ce n'est pas seulement en vertu d'une nature inhérente à leur être : c'est que cette force infinie d'amour les attire, les meut et les pousse ; c'est ainsi que Dieu se manifeste comme Providence éternelle de ses créatures.

Une autre grave question, dont la solution de la part des philosophes et des théologiens n'a jamais satisfait la raison, c'est celle *du bien et du mal.* Si le mal existe, comment Dieu qui est amour infini y consent-il? Ne peut-il pas, ou ne veut-il pas l'éviter? Le premier cas démontrerait son impuissance ; dans le second il manquerait d'amour envers ses créatures. Pour le Spiritisme, la solution est claire et définitive : le mal n'existe pas. Ce n'est pas moindre quantité de bien, ni contraire au bien ; le mal par lui-même n'existe pas, en réalité; les douleurs, les peines, les chagrins et les déceptions, toutes les souffrances qui nous accablent, tout absolument, tout sert et s'unit plus ou moins au bien.

Il arrive la même chose avec le mal qu'avec le froid et l'obscurité, qui n'ont de réalité ni en grande ni en petite quantité, car, si l'affirmation est exacte, la négation est absurde ; si la chaleur et la lumière existent, le froid et les ténèbres ne peuvent avoir de réalité, elles n'ont qu'une existence relative pour l'être qui les comprend ou les apprécie ainsi ; mais où nous disons qu'il y a obscurité par manque de lumière nécessaire pour voir, d'autres êtres voient avec une plus grande clarté; où nous sommes transis de froid, il peut y avoir d'autres êtres qui jouissent de la température suffisante pour vivre. De même ce que nous appelons mal n'est seulement qu'un état comparé avec un autre état meilleur ; ce mal si grand de l'esclavage laissait la vie au malheureux prisonnier ; quant aux maux de l'ordre physique et moral qui nous oppriment, nous devons les considérer comme moyens et instruments efficaces de progrès, parce que, si nous ne sentions les nécessités que le monde, la société et la limite de notre vie nous imposent, notre progrès serait impossible.

Quant à la morale, la doctrine spirite qui veut être scientifique, ne peut admettre l'opinion des religions positives qui l'ont fait dériver des principes d'autorité; on doit, disent-elles, remplir ses préceptes, non parce que Dieu, le Christ, ou Mahomet, l'ordonnèrent ainsi. Le Spiritisme met la morale dans le bien, et comme nous ne croyons pas à la valeur du principe d'attraction universelle découvert par Newton, parce que cet homme éminent l'a découvert, mais bien parce que c'est une vérité, nous ne croyons pas non plus que les principes moraux nous obligent, parce que, Jésus ou Moïse, Buddha ou Confucius les ont formulés, mais parce qu'ils sont des lois de notre vie rationnelle; que le bien, comme la vertu et la beauté, ont leur valeur dans eux-mêmes, et non par le mérite de ceux qui révèlent à l'humanité ces principes. Si les fidèles, dans les religions positives doivent *obéir* aux ordres de celles-ci, les spirites n'obéissent pas ; ils *remplissent* les préceptes de la morale et de la justice éternelle.

Enfin, Messieurs, ce n'est pas seulement dans le champ de la philosophie, de la science et de la morale, que le Spiritisme prétend éclaircir des doutes et relever des erreurs, mais encore il doit porter son influence si grande dans la *sphère de l'art*, pour qu'à son tour l'art influe d'une manière plus efficace dans la culture des peuples.

Deux différentes opinions, et en sens opposé, deux écoles principales luttent dans le champ de l'art; l'idéal d'un côté, et le réel de l'autre. Pour la première, l'art doit exprimer ce que doit être la vie, non ce qu'elle est; pour la seconde, l'essentiel est de démontrer les douleurs et les misères de l'humanité, afin que, devant le sombre tableau qu'elles nous présentent on en cherche le remède. Le Spiritisme apportant dans la sphère de l'art la pluralité des vies de l'âme ne violentera pas la nature, comme l'idéal le fait, en présentant dans cette existence le méchant repentant ou châtié et la vertu toujours triomphante; ni, non plus, comme le fait l'art réel, le vice et la corruption plus forts que le bien; mais l'artiste d'accord avec la réalité, ayant à sa disposition toutes les vues qu'il voudra, nous montrera sans brusques transitions ni miracles, comment cet être qui d'abord paraissait vil et méchant est ensuite le héros ou le martyr qui donne sa vie pour le bien de l'humanité.

Si avec la pluralité des existences la sphère de l'art s'agrandit, elle s'agrandira aussi et beaucoup au moyen de la communication entre les êtres incarnés et désincarnés, laquelle nous fera connaître de nouveaux héros dont les prouesses seront chantées par le poète et reproduites par le peintre; ces héros inconnus jusqu'à nos jours, nous commençons à connaître leurs œuvres;

en nous montrant leurs douleurs et leurs tortures, leurs travaux et vicissitudes, ils nous serviront de consolation dans les luttes de la vie, d'émulation pour persévérer dans l'œuvre de rédemption de notre propre conscience et de celle de nos frères souffrants.

Pour tout ce qui précède, Messieurs, et plus encore pour ce que je pourrais ajouter, vous comprendrez que la doctrine spirite, loin d'être dépréciée, mérite que nous nous en occupions sérieusement, et que si au début elle nous paraît de peu d'importance, aujourd'hui nous lui voyons une grande influence, comme ces lumières qui brillent dans le firmament, et que les sens nous font voir si petites; un meilleur examen nous fait constater que ce sont des soleils gigantesques devant lesquels notre soleil même est insignifiant.

Mais pour grandes que soient ces merveilles étoilées, nous devons encore nous considérer beaucoup plus grands. Le grand Victor Hugo a dit : « Il y a une chose plus grande que la mer, c'est le ciel; il y a une chose plus grande que le ciel, l'intérieur de l'âme humaine. » En effet tous ces soleils qui aujourd'hui brillent avec splendeur, doivent s'éteindre avec le temps pour prêter leurs éléments à d'autres qui se formeront, mais notre âme, notre être éternel et immortel restera toujours au travers des espaces et des temps, continuant sa marche progressive sans que jamais s'éteigne sa soif ardente de connaître, d'aimer par la science et par la vérité. J'ai dit ; (*Applaudissements prolongés, L'orateur est félicité.*)

M. le Président : la séance est suspendue pour quelques minutes.

Pendant cet intervalle M. Torres-Solanot distribue à chaque journaliste un exemplaire de M. J. Delanne : *Le Spiritisme devant la Science*, livre remarquable qui développe quelques-uns des points traités par M. Sanz y Benito. Ces exemplaires, en langue espagnole, avaient été donnés dans ce but par le président honoraire du Congrès, M. José Maria Fernandez.

M. le Président : M. le Dr Huelbes a la parole.

M. Huelbes Temprado : J'ai l'honneur de présenter le docteur italien M. Ercole Chiaia qui va lire sa lettre publiée dans l'un des journaux qui circulent le plus en Italie, le *Fanfulla*, en date du 19 août, adressée au célèbre aliéniste le docteur Lombroso, et l'invitant à une minutieuse étude des phénomènes extraordinaires que présente une dame napolitaine, médium remarquable.

UN DÉFI A LA SCIENCE

M. Chiaia : Très illustre professeur : Dans votre article « Influence de la civilisation sur le Génie », publié dans le n° 23 du *Fanfulla*, je trouve, après de profondes considérations de logique et de doctrine, une sentencieuse et heureuse période qui m'a paru la synthèse du mouvement scientifique humain, à partir du moment où les hommes adoptèrent le casse-tête nommé alphabet, jusqu'à notre heureuse époque. Vous disiez :

« Tout âge est également réfractaire aux découvertes dont nous n'avons pas ou dont nous n'avons que de restreints précédents; et par cela même, il est incapable de reconnaître son inaptitude pour les adopter. La répétition des découvertes, préparant le cerveau à sentir leur influence, trouve chaque jour moins rebelle le courage pour les adopter. Pendant seize ou vingt ans on a cru en Italie, complètement fou, celui qui parlait de *pelagrocine*; aujourd'hui même le monde académique se rie de l'homéopathie, se rie de l'hypnotisme!... Qui sait si mes amis et moi, qui nous rions du Spiritisme, nous ne sommes pas aussi dans l'erreur! Parce que, peut-être, nous nous trouvons comme les hynoptisés dans l'impossibilité de reconnaître notre erreur, et comme beaucoup d'aliénés étant dans l'obscurité relativement à la vérité, nous nous rions de ceux qui n'y sont pas. »

Maintenant, excité par la période transcrité ci-dessus, aussi vaillante que profonde, et qui s'accorde avec certains faits dont je m'occupe depuis quelque temps, je la reprends avec plaisir et sans intermédiaires, sans ménagement qui souvent défigurent l'idée et me conformant aux exigences d'un gentilhomme, je vous envoie directement le présent défi.

Ne vous effrayez pas, je vous prie, c'est un défi qui n'aura pas de conséquences tristes ; nous nous croiserons dans l'arène avec des armes nobles, et quel que soit le résultat de la rencontre, soit que je succombe ou que vous cédiez, ce sera toujours sans que notre sang soit versé ; les conséquences seront fécondes en confessions précieuses de la part de l'un des combattants et utiles à la noble cause de la vérité.

Il s'agit d'une autre espèce de... *pelagrocine* que quelque peu on trouve dans l'organisme humain, tandis que le plus grand nombre s'obstine encore impertinemment à ne pas la reconnaître ni même l'observer; une maladie que nous rencontrons tous les jours, dont nous ignorons la cause, que même nous ne savons nommer, mais non pas pour cela moins évidente, moins patente à tous les sens, même à celui du toucher; c'est une révision générale du savoir, comme notre siècle analytique le déclare; c'est une maladie sur laquelle nous appelons l'attention de la science contemporaine, tandis que la science pour toute réponse rit du sourire de Pirron, peut-être, parce que, encore *son âge la rend réfractaire*. Mais vous, l'auteur de la période déjà citée, j'aime à croire que vous ne vous rirez pas quand je vous inviterai à observer un cas très particulier, digne de l'attention de l'intelligence d'un Lombroso.

La malade est une femme de basse classe, robuste, d'environ trente ans, sans instruction, de vulgaires antécédents et sans autre chose notable que le brillant du regard, qui est irrésistible, comme diraient les modernes criminalistes; femme enfin qui, quand vous le voudrez, de jour ou de nuit, enfermée dans une chambre, est capable d'amuser, par les phénomènes qu'elle produit par sa maladie, durant plusieurs heures, une armée de curieux plus ou moins sceptiques, plus ou moins difficiles à contenter.

Attachée à sa chaise et tenue par les curieux, elle a la faculté d'attirer un meuble quelconque, de l'élever et de le soutenir en l'air comme on dit qu'est le tombeau de Mahomet, de le faire descendre en ondulant ou en spirales qui paraissent être l'effet d'une volonté intelligente, d'augmenter ou de diminuer son poids; elle produit des coups sur les murs, sur le sol, au plafond, avec la force et le rythme que les assistants désignent; elle produit de petites lumières comme celles du magnésium, soit autour de son corps, soit autour des assistants; elle écrit sur le papier, sur les murs, en quelque endroit que ce soit, des lettres, des chiffres, des numéros, du dessin, seulement en dirigeant sa main vers l'endroit indiqué.

Si, dans un coin, on place de l'argile humide, celle-ci, peu de minutes après, présente l'impression de mains, grandes ou petites, de visages en profils ou de face, d'une admirable précision; le jour suivant, on peut sortir de ces impressions des moules en plâtre dont j'ai moi-même une belle collection, d'un type constant mais de différents aspects, dans lesquels celui qui veut peut trouver un motif suffisant pour des observations et des comparaisons; elle s'élève dans les airs, y prend des postures étranges, contraires à toutes les lois de la statique et même de la gravité; elle fait raisonner, dans l'habitation, par des mains ou soufflets, par des lèvres invisibles, des sifflets, les sonnettes, les acordéons et les tambours de basques.

C'est un cas d'hypnotisme, direz-vous ; c'est un fakir qui veut me faire croire à ses phénomènes.

Mais, très digne professeur, ne préjugez pas la question, je vous en prie; ce serait de l'hypnotisme si l'illusion n'était que d'un moment et si tout s'effaçait ensuite, mais si le jour suivant il restait des traces, des documents dignes de considération, que penseriez-vous? Permettez-moi de continuer.

Cette jeune fille a parfois la faculté de s'allonger et de croître de plusieurs *décimètres*, comme une poupée de gomme qui s'étire par elle-même, prenant des formes capricieuses. Combien de pieds a-t-elle? Nous l'ignorons... Combien de bras? De même, le fait certain est qu'outre ses jambes, assujetties par l'un des incrédules présents, se montre un autre ou des autres pieds et mains qui ne paraissent pas être siens, mais appartenir à des personnes étrangères.

Et je vous supplie de ne pas rire, Monsieur le professeur, parce que j'ai dit qu'*elles ne paraissaient pas siennes*; je n'affirme rien et, du reste, il vous reste encore à rire.

La tenant attachée et scellée pour plus de sécurité, il se détache un troisième bras, on ne sait d'où, qui se met à jouer avec les spectateurs; il leur ôte leur chapeau, leur cravate, leurs bagues, leur argent, et les replace avec une dextérité et une douceur extraordinaires; il dérange les vêtements, visite les poches, frappe, brosse, peigne les cheveux, (à qui en a, nécessairement) caresse et serre les mains, quand il n'est pas de mauvaise humeur; et c'est toujours une main robuste, tandis que la main de la malade est une main très petite, calleuse, pesante, à ongles larges, tantôt chaude, tantôt froide comme celle d'un cadavre ; elle se laisse prendre et serrer, observer autant que la lumière qui est dans la chambre le permet, et finit par s'élever comme une enseigne de marchand de gants.

Je vous assure que moi-même, Monsieur le professeur, une

fois hors de l'antre de la Circé, et délivré de son influence, je finis par ne pas croire en moi-même, en me rappelant mes sensations ; et cependant le témoignage de mes sens, ma conscience, tout affirme qu'il ne s'agit pas d'une fourberie ni d'une illusion, de même qu'une centaine de volumes d'expérimentateurs anciens et modernes, dont l'énumération est inutile, prouvent l'existence de ces... phénomènes !

... Après cette série de faits toujours nouveaux et inespérés, de temps en temps nous sommes salués et nous recevons une poignée de main par une certaine forme couverte d'un voile flottant qui se présente et s'évapore en peu d'instants.

Seulement, je vous ferai observer que ces manœuvres, si peu correctes, ne peuvent s'opérer d'une manière suivie par notre magicienne ; elle dit toujours se prêter à tout, et elle est toujours scrupuleusement surveillée comme on faisait à la cour de Tibère ; mais elle ne remplit pas toujours ses promesses et ne satisfait pas l'attente inquiète des spectateurs ; ce qui fait penser, à celui qui la considère de sang-froid, que ce n'est pas dans sa seule volonté qu'est la faculté de produire les rares phénomènes, sinon qu'il lui faut un coopérateur inconnu, un secours étranger, un... disons-le enfin... *Deus ex machina*.

On voit la difficulté de trouver, en une série de faits aussi curieux, des supercheries, et la nécessité d'une série d'expériences pour réussir au moins dans les plus importantes et démasquer ainsi les illusions, les tromperies des spirites, comme vous le dites galamment à qui nous savons ; vous niez le grand privilège de l'équilibre mental, de la juste appréciation, à ceux auxquels il suffit d'un simple indice, prouvé jusqu'à l'évidence, pour entrevoir la possibilité de forces latentes dans la nature, pour déduire, de la chute d'une pomme ou de l'oscillation d'une lampe, les hautes lois qui gouvernent les mondes.

Maintenant donc, le défi que je vous propose est le suivant : si votre paragraphe magistral n'a pas seulement été écrit pour écrire, si en vérité vous ressentez de l'amour pour la science, sans préjugés, si vous êtes le premier aliéniste de l'Italie, ayez la bonté de descendre dans l'arène, et n'hésitez pas à vous mesurer avec un adversaire aussi courtois que débile. Quand vous aurez quelques semaines de repos, de vacance dans vos études préférées, comme partie de campagne, de tour d'été, désignez-moi une ville où nous nous trouverons, soit à Naples ou à Rome, si cela vous est plus commode, ou même à Turin, et je vous présenterai ma magicienne. Vous, Monsieur le professeur, vous choisirez une habitation où je n'entrerai qu'au moment de commencer les expériences ; là, vous-même, vous placerez les meubles, les instruments que vous voudrez : un piano fermé si vous voulez ; je ne ferai, moi, que vous remettre la jeune fille en costume adamique, pour que l'on n'aille pas croire que sous les jupons se cachent ses auxiliaires.

Quatre autres Messieurs vous assisteront comme parrains ; les deux vôtres, vous les désignerez, et les deux miens... vous aussi, sans que je les connaisse jusqu'au dernier moment. Un paladin de la Table ronde ne pourrait offrir de meilleures condition.

Si de l'expérience résulte un flasco, je demande que publiquement on me déclare un fou qui, volontairement, s'est présenté afin d'être guéri de sa folie ; si, au contraire, nous obtenons le résultat que j'espère, vous, Monsieur, comme dette loyale, dans un des articles que vous écrivez si admirablement, sans circonlocutions ni subterfuges, vous affirmerez la vérité des phénomènes merveilleux et vous promettrez de rechercher leur cause mystérieuse.

Je demande peu, mais ce peu me suffit.

Si vous refusez la rencontre, vous me donnerez au moins un motif pour vous adresser la formule suivante : *les temps peuvent ne pas être prêts* pour le vulgaire mais non pour des hommes intelligents tels que le docteur Lombroso, auquel il n'est pas permis de suivre le conseil du Dante :

> Sempre à quel ver que ha faccia menzogna
> Du l'uom chinder le labbra quanto puote
> Perocché senza colpa fa vergogna.

Avec le plus profond respect, votre tout dévoué.

CHIAIA.

NOTE DU *Fanfulla*. — Notre distingué collaborateur Lómbroso est prêt à accepter ce défi ; il combinera cette rencontre avec son noble adversaire. (*Longs applaudissements.*)

M. le Président. — Le représentant des spirites de Sagua la Grande (Cuba), M. Eulogio Prieto, a la parole.

M. Prieto.—Frères dans l'humanité, frères dans le progrès, salut.

D'au-delà des mers, des Indes occidentales, de ces terres découvertes par l'immortel marin génois Christophe Colomb, je viens au milieu de vous, quoique sans aucun mérite de ma part, honoré de représenter trois centres spirites : « El Salvador » de Sagua la Grande, dont vous connaissez peut-être les travaux ; « la Réincarnation de la Havane, et « San Pablo » de Malpaez, ville placée immédiatement après la Sagua.

Au nom de nos frères de l'Amérique espagnole, recevez l'accolade fraternelle pour votre initiative et pour le brillant succès obtenu dans ce premier Congrès international spirite qui tend à détruire le fanatisme et l'ignorance populaire.

Animés et fermement convaincus qu'avant peu la lumière se fera sur toute la surface du globe, continuons à marcher en avant, en portant haut le glorieux étendard du Spiritisme et de ses doctrines consolatrices. (*Applaudissements prolongés.*)

M. le Président. — M. Pierre Fortoult Hurtado, représentant de Vénézuéla, a la parole.

M. Fortoult lit ce qui suit :

Monsieur le président, Messieurs les délégués. — Chers frères, de là-bas, de l'autre côté de l'Atlantique, dans la nouvelle région où flotta la bannière de Castille, hissée par le génie de Colomb, le Vénézuéla ma patrie, je viens vous apporter les applaudissements et l'accolade de nos frères, et recevoir pour eux le rayon de lumière et d'amour qui leur est adressé dans ce banquet de la fraternité universelle. « Centre humilité », tel est le titre de la société d'études que je représente ; ne vous étonnez donc pas qu'ils aient choisi le plus humble de leurs frères pour remplir cette honorable tâche.

Nos âmes s'étaient voilées, cherchant Dieu par un chemin de ténèbres; combien de tribulations, combien de chutes! Nous l'appelions au nom de la lumière, et les ténèbres nous répondaient; nous demandions, misérables vers de terre, une lampe pour nous mener à ce Dieu que nous implorions au nom de la justice. Père! lui disions-nous, et le mépris des élus et les pleurs des malheureux abandonnés nous répondaient ; nous le cherchions à l'aide de la charité et de l'amour, au nom de la fraternité universelle, et nous ne trouvions que des peuples et des races qui s'étaient juré une haine éternelle; les voix de l'enfer catholique disaient : Ici il n'y a pas de miséricorde! Nos âmes éperdues cherchaient Dieu par un chemin toujours plus sombre.

Un jour, le plus beau de notre vie, arriva jusqu'à nous la douce note d'un concert dans lequel les âmes chantaient l'hymne de bienvenue du règne de la raison, de la charité et de l'amour. Dieu était sorti des pagodes et des mosquées pour se montrer aux yeux de l'humanité ; dans les profondeurs de l'infini, dans l'éclat des étoiles, dans la fleur, dans l'insecte, dans l'atome, dans les pulsations de la vie, dans tous les élans de l'esprit, dans toutes les harmonies de la matière, Dieu était.

Dieu se montrait de même au juif comme au musulman, au catholique comme au protestant, il disait : « Il n'y a qu'une famille de frères, venez à moi ; je suis votre Père ».

Déjà la science cessait d'être l'œuvre de Satan, elle se convertissait enfin en une œuvre intelligente. La liberté et la raison cessaient d'être des péchés contre Dieu, pour se convertir en attributs de l'esprit humain.

Nous suivîmes la nouvelle route et nous trouvâmes le Spiritisme, et par lui l'étude de l'Evangile de Jésus-Christ éclairé par la lumière de la raison.

C'est grâce à toi, maître Allan Kardec, c'est grâce à vous, chers frères, que nous connaissons la vérité à l'aide de votre persévérance, de votre foi de véritables apôtres, vous avez fait arriver jusqu'à nous la lumière de cette éternelle vérité qui s'impose et s'imposera toujours, malgré toutes les forces qui cherchent à la détruire.

Nous l'avons bien prouvé par les lumières de la philosophie et de la morale, quand nous avons répondu aux accusations formulées qui attaquaient la pureté de nos idées ; nous le prouvons et nous continuerons de le prouver dans le champ des investigations scientifiques, sur le terrain expérimental, avec des démonstrations franches et précises.

L'ennemi le plus formidable du Spiritisme est le matérialisme, ce cyclone qui renverse tout sur son passage, au centre duquel flotte la sinistre ombre de la mort ; ce n'est plus la foi avec ses pieds de plomb, et ses orbites sans yeux, ce ne sont plus les prétentions absurdes d'une secte qui lutte pour enchaîner à ses mystères et à ses dogmes la raison des peuples, c'est quelque chose de plus horrible, s'il se peut ! c'est le trouble de l'intelligence dans l'étude de la matière ; c'est le physiologiste, le naturaliste, le paléontologue qui, armés du scalpel, du microscope, de l'éprouvette, prétendent trouver chaque jour un nouveau résultat comme preuve concluante de leurs théories.

Le Spiritisme a brisé cette chaîne qui s'appelle la foi, et descendant dans l'arène armé de l'étendard de la liberté, et couronné par la brillante auréole de la raison, il répond aux erreurs du matérialisme avec l'éprouvette et le microscope, c'est-à-dire, avec des démonstrations définitives et concluantes pour prouver la vérité de ses éternels principes. On ne peut plus peser et analyser le cerveau pour nous démontrer que notre esprit est la résultante nécessaire des molécules et des cellules en mouvement ; on ne peut plus nous parler de sélection pour nous expliquer le pourquoi de notre conscience, parce que le Spiritisme, répondant aux faits par les faits, oppose aux théories matérialistes, entre autres vérités, la vérité des facultés médianiques, quoique l'étude faite sur ces facultés n'ait pas encore dit son dernier mot.

Nous avons lutté, et vaincu, sur tous les terrains, et si quelqu'ennemi reste sur pied, c'est l'ignorance, l'aveuglement, l'entêtement humain qui leur ferment les yeux pour ne pas voir ; ils craignent une nouvelle lumière qui détruise ce que dans le fond de leurs âmes ils ont caressé comme une vérité absolue.

Nous les combattrons, avec tolérance, avec charité, et ils viendront à nous, par la seule force de la vérité.

L'esprit de fraternité est né chez tous les peuples éclairés par le rationalisme chrétien ; à ce premier Congrès correspond le le premier pas vers cet idéal, la *Fédération universelle spirite*; c'est l'unique moyen pour poser le Spiritisme, définitivement, à la place que lui assignent la raison et la justice dans le concours des sciences positives.

Je ne dois pas abuser de votre bienveillance, et je termine en félicitant de toute mon âme, et au nom des frères de ma patrie, la très honorable Commission organisatrice de ce Congrès, son digne président M. le vicomte de Torres-Solanot, tous les frères réunis dans cette belle ville de Barcelone dont les fils assurent chaque jour la gloire par d'admirables conquêtes dans les luttes du progrès. J'ai dit. (*Applaudissements prolongés.*)

M. *le Président*. M. le vicomte de Torres-Solanot a la parole.

M. *le vicomte de Torres-Solanot*. Messieurs : Après les discours qui ont été prononcés, tous pleins d'éloquence, je ne parerai pas; M. le docteur Huelbes Temprado prononcera les dernières paroles, mais permettez-moi de vous lire la synthèse spirite publiée dans nos ouvrages.

FONDEMENTS DU SPIRITISME

Existence de Dieu. — Immortalité de l'âme. — Préexistence : Réincarnation. — Pluralité de mondes habitables et habités. — Progrès indéfinis. — La pratique du bien, et le travail comme moyen de le réaliser.

Récompenses et expiations futures, en raison des actes volontaires. — Réhabilitation et bonheur final pour tous. — Communion universelle des êtres. — Communication avec le monde des esprits, prouvée par des faits qui sont la *démonstration physique de l'existence de l'âme*. — Vers Dieu par l'amour et par la science. — Foi rationnelle. — Espérance et résignation. — Charité pour tous.

CARACTÈRES DU SPIRITISME

Il représente une grande aspiration qui répond à une nécessité historique. — C'est un pas vers le chemin du progrès. — Il n'impose pas une croyance; il invite à une étude. — Il est doctrine, il est philosophie, il est science. — Il élève la raison et le sentiment, et satisfait la conscience. — Il résout les plus importants problèmes moraux et sociaux; il harmonise la science avec la religion, et donne une foi rationnelle. — Les conséquences atteignent toutes les sphères de la vie, son influence est consolatrice et morale à un très haut degré. — C'est le positivisme spiritualiste, qui apporte à la psychologie les éléments d'une étude particulièrement expérimentale. — Il est une nouvelle révélation; — Il sera la religion de l'avenir.

CREDO SPIRITE

Je crois en Dieu, intelligence supérieure, cause de toutes choses. Être *à soi*, éternel, immutable, unique, tout puissant, infini en perfection. — *Je crois* à l'existence et l'immortalité de l'âme, en esprit libre et responsable, sujet au perfectionnement par le fruit de son travail. — *Je crois* à l'évolution constante de l'esprit et de la matière, et au progrès indéfini. — *Je crois* à la pluralité des mondes habitables et habités. — *Je crois* à la réincarnation de l'esprit portant à chaque nouvelle existence le trésor d'intelligence et de morale acquis dans ses existences antérieures, de même que les germes et les imperfections dont il ne s'est pas dépouillé. — *Je crois* aux peines et récompenses futures, suivant les bonnes ou mauvaises œuvres. — *Je crois* à la solidarité universelle, à la communion des êtres et à la communication avec les esprits démontrée expérimentalement par les procédés de la science positive. — *Je crois* que l'amour et le travail, la charité et la science nous rapprochent de Dieu. (*Applaudissements prolongés.*)

M. *le Président* : Le docteur Huelbes a la parole.

Le docteur Huebles Temprado. Avec quel plaisir, chers frères, Dames et Messsieurs, je prononcerais un discours si le temps me le permettait ; non un discours parce que je ne sais pas les faire, mais je laisserais mon âme s'épancher en paroles, et chercher d'autres âmes qui, sentent comme la mienne, âmes sœurs qui, à l'unisson, vibrent, aspirent et attendent. Ceci, oui, je le ferai quoique brièvement, maintenant que l'immense honneur m'est accordé de clore les séances, en cherchant avant tout plutôt des paroles amies que de profondes pensées. Les conclusions du Congrès se publieront opportunément, quand il les aura organisées dans ses séances privées.

Permettez-moi aussi une légère remarque, une observation nécessaire ; il a été dit que le Spiritisme et que les organisateurs de ce premier Congrès international, exagéraient la note mystique, la tendance religieuse de la nouvelle doctrine ; ceci, selon moi, n'est pas exact. Certainement nous sommes religieux, parce que nous croyons impossible et absurde de pénétrer dans les champs de la science, dans celui de la vérité auguste, sans une adoration constante de l'être de toute réalité, de l'intelligence suprême. (*Applaudissements.*) Il est certain, aussi, que nous aspirons à ce que tous nous considérons comme le savoir le plus religieux possible, parce que, nous croyons connaître Dieu comme aucune religion positive le connaît, et que mieux on le connaît, plus on l'aime. (*Applaudissements.*) Mais précisément pour cela nous ne pouvons être *mystiques* à la manière des autres religions, car nous n'acceptons pas leur paradis cette prison éternelle des âmes ; et pour cela, précisément, toutes nous combattent; elles connaissent que nous les renverserons fatalement, car elles restent paralysées en se pétrifiant; nous, nous sommes en tout, et nous serons toujours dans la même idée religieuse, des esprits éminemment progressifs.

La religion est la tendance naturelle de tout être vers son essence parfaite, vers l'infini dont il participe et auquel il aspire : la religion, en général, doit répondre à la fois à cette aspiration permanente, et à la marche progressive de la même aspiration ; si on immobilise les religions elles meurent, et c'est ce qui arrive aux religions actuelles, et c'est ce qui ne peut jamais arriver au Spiritisme, parce qu'il a la puissance du mouvement et sera toujours à l'unisson des progrès moraux, intellectuels et sociaux. (*Grands applaudissements.*)

Le Spiritisme, en outre, vous le savez, n'est pas seulement religieux, il est révolutionnaire, plus révolutionnaire que toutes les doctrines qui prétendent l'être dans le monde, parce qu'il les comprend toutes.

Le Spiritisme a horreur du sang versé, car il est la douceur et la vérité vraie, mais il est un profond démolisseur, tout l'indique ; il tend à détruire les abus, les préjugés, à les pulvériser rationnellement, pour refonder une société meilleure, plus sage, plus juste.

Si hors d'ici je trouve des anarchistes paresseux, des nihilistes, au lieu de les combattre je leur dis : Venez à moi, car vous trouverez la force qui vous manque, l'unique pont logique entre la raison abstraite qui vous pousse, et l'application pratique de vos désirs ». Pour cela, j'ai dit cent fois aux nobles cœurs qui s'orgueillissent du nom de *Fils de la veuve* : « Venez à nous, car nous avons la parole que vous cherchez depuis des siècles à travers le sang et les larmes.

Que nos chefs comprennent ce que c'est que la *nuit* ; nous autres nous savons que le jour apparaît; que la chaîne d'union s'est soudée, que ceux qui sont maintenant donnent le baiser de paix à ceux qui furent, et que les uns et les autres nous espérons fraternellement en ceux qui vivront dans l'avenir. L'ignorance, c'est l'esclavage le plus horrible et nous apportons à tous la lumière de vérité, de liberté et de justice.

Pour cette cause, à tous les humbles, à tous les malheureux, à tous les proscrits, à tous les rêveurs nous ouvrons nos bras ;

pour nous, celui qui souffre le plus est toujours le plus nécessiteux de notre doctrine, parce que c'est celui qui a le plus besoin d'amour et de consolation. (*Grands applaudissements.*).

J'entre dans l'objet de mon discours. Nous allons nous séparer, nous allons nous répandre dans le monde, après notre fraternelle lutte ; l'an prochain, nous nous réunirons en Congrès universel, peut-être, à l'Exposition de Paris; le triomphe est proche, ou pour mieux dire nous avons déjà triomphé... En conséquence, emportez tous, au fond de vos souvenirs, l'assurance qu'ici vous avez enregistré le premier acte solennel et public de nos aspirations et avec lui, la sécurité du bien de la Terre.

Messieurs les délégués auront la bonté de se réunir demain à 10 heures dans ce local, pour procéder à la première séance privée.

Et après,... jusqu'à bientôt, jusqu'à plus tard. Que vaut le temps pour nous ? que vaut la distance, si nous sommes les maîtres de l'éternité et des grands espaces pleins de constellations et de mondes qui roulent silencieusement sur nos têtes, mais desquels nous avons tiré l'hymne éternel de l'humanité universelle ? Jusqu'à eux donc, si nos humbles existences ne viennent plus à se rencontrer ici, et jusqu'à ce que nous puissions échanger le pur baiser des âmes ; si ma faible parole, si mon désir grand et constant, valaient quelque chose pour vous, je dirais sortons d'ici, comme de véritables frères, sinon de fait, mais du plus profond de notre cœur. (*Grands et unanimes applaudissements.*)

Dans les trois séances il fut distribué des journaux spirites, des brochures, des feuilles de propagande, quelques milliers d'exemplaires de la *Fédération la Solidarité* pour la propagande gratis du Spiritisme, établie à Saragosse.

Dans les séances privées, après avoir lu toutes les lettres et les mémoires des correspondants, et leurs vœux, il fut décidé de nommer une Commission franco-belge-italienne, et une hispano-américaine, composées : la première, de MM. Leymarie, Nicolau, Ungher et Chiaïa ; la deuxième, de MM. Huelbes, Sanz Benito Vivés, Chinchilla, Prieto et Fortoult pour rédiger les propositions qui devaient être présentées à la délibération du Congrès.

Puis on continua la révision des documents, on rendit compte de quelques notes remises au Congrès international spirite de Barcelone, entre autres par *La Religion laïque*, par M. Manuel Navarro Murillo ; une lettre fut lue du directeur de *La Religion laïque*, P. Verdad Lessard, de Nantes, ainsi que les travaux suivants : un livre intitulé *Le progrès du Spiritisme*, remis par M. Bonaventure Grangés ; un autre des membres du groupe « Poulain », de Paris ; un autre de M. Henri Sausse, rendant compte des phénomènes spirites observés dans le groupe « Amitié » de Lyon ; un autre de la « Société fraternelle » de Lyon, exprimant ses aspirations, et un autre de M. E. Streif de Maxstadt, de Paris. Ceux de Liège et de Bruxelles, de MM. Manuel Cares, Jean-François Miranda, Ch. Nozeran, Henri Terry, du « Cercle Isabelle », etc., etc.

Ce furent des travaux très suivis et laborieux que ceux des 11, 12, 13, 14 et 15 septembre ; il fut convenu que tout ce qui avait été dit et fait, serait imprimé en trois langues : Espagnole, Française, Italienne. Pour l'année prochaine, les délégués demandèrent un Congrès à Paris, en septembre 1880, Congrès spirite international qui appuirait les décisions prises par celui de Barcelone, en les élargissant. Notre délégué M. Leymarie, promit au nom de la Société scientifique du Spiritisme de faire droit à ce vœu, et de demander l'appui et la coopération de tous nos frères de la France et de l'étranger, y compris des spiritualistes Anglais, Allemands et Américains. Voici des travaux de fédération à effectuer en vue de ce Congrès, auquel les délégués Espagnols, Belges, Italiens, et Américains promettront d'assister avec bonheur, en y conviant tous les hommes de bonne volonté

Les mémoires des correspondants, très nombreux, ont donc été lus et écoutés avec attention et un grand intérêt : le Congrès a fait droit à leurs vœux par les affirmations et les propositions suivantes, en décidant que l'école de langue espagnole, et l'école franco-belge-italienne, feraient, chacune, leurs affirmations et propositions respectives.

A l'unanimité, les CONCLUSIONS SUIVANTES de l'école espagnole ont été adoptées :

« Le premier Congrès spirite international affirme et proclame l'existence et la virtualité du Spiritisme, comme science intégrale et progressive. Ses fondements sont : L'existence de Dieu. — L'infinité des mondes habités. — La préexistence et la persistance du Spiritisme.— La démonstration expérimentale de la survivance de l'âme humaine par la communication médianimique avec les esprits. — L'infinité des phases dans la vie permanente de chaque être. — Récompenses et peines comme conséquences naturelles des actes. — Le progrès infini. — La communion universelle des êtres. — La solidarité.

Le caractère actuel du Spiritisme se formule ainsi :

1° Il forme une science positive et expérimentale ;

2° Il est la forme contemporaine de la réparation ;

3° Il consacre une étape importante du progrès humain ;

4° Il donne une solution aux problèmes les plus profonds, moraux et sociaux ;

5° Il rehausse la raison et le sentiment, il satisfait la conscience ;

6° Il n'impose aucune croyance, il invite à une étude ;

7° Il réalise une grande aspiration qui est la conséquence d'une nécessité historique.

Conséquent avec les principes énoncés, le Congrès entend que toute Société et tout adepte, doivent, par les moyens légaux à leur disposition, prêter appui et coopération aux individualités, aux collectivités qui s'occupent de civiliser les hommes ; aussi le Congrès conseille-t-il :

A : L'étude complète de la doctrine spirite.

B : Sa propagation incessante par tout moyen licite ;

C : Sa réalisation constante par la pratique des vertus publiques et privées.

Pour obtenir ce résultat, le Congrès entend que chaque société, et tout adepte spirite, doivent regarder tout homme de bonne volonté comme frère dans la lutte de la vie, le combat contre le vice, l'erreur et la souffrance ; pour cela il conseille :

D. De respect de tous les investigateurs, de tous les propagateurs de vérités, même s'ils ne sont pas spirites ;

E. L'effort constant en vue de laïciser la société dans toutes les sphères de la vie ;

F. Chercher à obtenir la liberté absolue de pensées, d'enseignement intégral pour les deux sexes, de cosmopolitisme embrassant toutes les relations sociales ;

G. La fédération autonome de tous les spirites, de tout adepte appartenant à une société constituée, chaque société devant maintenir des relations constantes avec le centre de sa localité, tout centre local avec le centre national, et chaque centre national avec ceux des autres nationalités.

Enfin le Congrès note qu'il n'est pas convenable d'accepter sans examen les doctrines d'une individualité ou d'une société qui ne veut pas admettre ses conseils.

Il fait aussi remarquer qu'Allan Kardec a démontré dans ses ouvrages, le danger de la croyance excessive dans les communications médianimiques *qu'il faut, dit-il, soumettre au creuset de la raison et de la logique,* le seul fait de la mort ne donnant pas le progrès. »

Adopté : José C. Fernandez, président honoraire.

MM. les présidents effectifs : Vicomte de Torres Solanot, Pierre Gaëtan Leymarie, Efisio Ungher, Huelbes Temprado.

Vice-présidents : Dona Amalia, y Soler, Domingo, Giovani Hoffmann, Facundo Usich, Pedro Fortoult, Ercole Chiaïa, Edward Froula, Miguel Vivès.

Secrétaires : MM. Sanz y Benito, Eulogio Prieto, Modesto Casanovas, Narciso Moret. — 15 septembre 1888.

———

A L'UNANIMITÉ, le bureau qui précède, et tous les délégués ont accepté ce qui suit, affirmé et proposé par MM. Eulogio Prieto, De Garay, De Ona, Ercole Chiaïa, Giovani Hoffmann, E. Ungher, José Nicolau Bartomeu. Pierre Gaëtan Leymarie, délégués belges, cubains, français et italiens :

« Le Congrès spirite international, réuni à Barcelone, le 8 septembre 1888, affirme et proclame l'existence réelle et indiscutable des rapports entre les âmes incarnées et désincarnées.

Considérant ce fait dans ses phases diverses, le Congrès fait les déclarations suivantes :

1° Le Spiritisme est une science positive et expérimentale sanctionnée par l'investigation suivie et par l'histoire ;

2 Le Spiritisme est une science philosophique supérieure qui satisfait plus que tout autre la conscience, la raison et la justice ;

3° Le Spiritisme est une science psychologique qui nous prouve l'existence de l'âme et nous donne l'explication la plus logique des rapports mutuels de l'âme et du corps ;

4° Le Spiritisme est une science divine qui donne une croyance rationnelle en Dieu, — la certitude d'une vie future — qui établit la responsabilité de nos actes selon la stricte justice, et prouve la nécessité des réincarnations successives comme moyen de progrès indéfini, soit sur notre planète, soit dans les mondes sidéraux;

5° Le Spiritisme doit devenir une science sociale pour résoudre les problèmes humanitaires suivants: D'éducation et d'instruction intégrale pour les deux sexes. — De législation. — De propriété. — De mutualité. — D'association. — De fraternité;

6° Le Spiritisme est la véritable école du respect dû à tous les chercheurs de vérités, lors même qu'ils ne sont pas les adeptes du fondateur de notre philosophie, de notre vulgarisateur Allan Kardec.

En conséquence le Congrès adhère aux proposition suivantes, que les délégués se proposent de mettre à exécution dans leurs pays respectifs, dès que des circonstances favorables le leur permettront;

A. Tendre continuellement à unir, à fédérer tous les spirites d'un même pays, à fédérer entre eux tous les centres spirites nationaux;

B. Introduire les éléments de la doctrine spirite dans l'enseignement populaire, et posséder des chaires de philosophie spirite dans nos écoles supérieures;

C. Propager la doctrine dans les masses, les ateliers, les centres industriels, les plus humbles mansardes, par les brochures, les conférences gratuites, par la voie de la presse;

D. Prévenir les groupes et les centres spirites que le maître Allan Kardec nous a spécialement prévenus contre la crédulité excessive de l'enseignement donné à l'aide des communications d'outre-tombe: il faut les soumettre à un critérium sévère, disait-il; cette crédulité, sans contrôle, discréditant le Spiritisme; »

E. Bien recommander à tout ami sérieux du progrès, l'étude suivie et impartiale des œuvres, des faits spirites, et de la science en général;

F. Etablir que, s'il faut logiquement une fédération spirite locale, départementale, régionale, chacun doit avoir, selon ses tendances et son génie, complète liberté d'action dans le domaine du Spiritisme;

G. Enseigner le dédain de l'ostracisme, nos rangs devant toujours rester largement ouverts ;

H. Intéresser les spirites à l'étude de la coopération et de l'association pratique, selon le mode institué à Guise (France) par M. Godin, fondateur du Familistère. Pour éteindre la haine des classes et rendre impossibles les révolutions et leurs violences, comme cet homme de bien, viser à l'association du capital et du travail ;

I. Transformer les prisons pénitentiaires en institutions de moralisation, pour réabiliter l'homme tombé dans le mal, exactement comme le fait à Paris la Société des libérées de Saint-Lazare, sous la direction de l'honorable et courageuse Mme Isabelle Bogelot ;

J. Etablir un mouvement d'idées pour seconder toute action ayant le but de modifier les systèmes civils et pénals de chaque pays dans le sens de la charité et de la justice selon le Spiritisme ;

K. S'unir à toute société constituée pour empêcher les conflits entre les nations au moyen de l'arbitrage international permanent ;

L. Tendre progressivement à désarmer les nations, à abolir les frontières à l'aide de la parole et de la presse ;

M. Demander la suppression de la peine de mort partout où elle existe :

N. Travailler à détruire l'esclavage sous toutes ses *formes*. »
— 15 septembre 1888. — Les délégués belges, cubains, français, italiens, espagnols.

Une commission permanente a été nommée pour exécuter les décisions du Congrès.

Président honoraire : M. Joseph-Marie Fernandez. — Président : M. le vicomte de Torres-Solanot. — Vice-présidents :

M. Jacques Huelbes Temprado. — M. Facundo Usich. — M. Michel Vives.

Membres du Congrès :

M. Michel Escuder. — M. Edouard Dalmau. — M. Valentin Vila. — M. Auguste Vives. — M. Ezéquil Martin Carbonero. — M. Eulogie Prieto. — M. Thomas de Ona. — M. Jean Joseph Garay. — M. Joseph Cambrano. — M. Raphael de Zayas.

Secrétaires :

M. Modeste Casanovas (comptable). — M. Sébastien Roquet. — M. Joseph M. Lopez. — M. Edouard Moreno Acosta.

Cette commission a placé son bureau dans le local du Centre Barcelonais ; elle a tenu plusieurs séances pour exécuter les décisions que lui confia le Congrès. Elle subsiste encore, jusqu'à ce qu'elle termine ses travaux.

Ses principaux travaux ont été de reviser et mettre en ordre tous les documents qui avaient rapport au Congrès, pour les archives, et répondre aux lettres et communications ; se procurer des ressources pour couvrir le déficit ; imprimer et répartir à la presse spirite nationale et étrangère les conclusions du Congrès ; faire l'extrait officiel des séances que publiera la *Revue d'études Psychologiques* de Barcelone ; faire graver le dessin du Congrès offert par M. Terry ; envoyer des photographies du groupe pris dans le salon des séances publiques, à ceux qui les ont demandées, pour les avoir à prix réduits ; imprimer le RAPPORT COMPLET DU CONGRÈS laissé à la charge du président ; exécuter les décisions du Congrès de la manière indiquée.

Aussitôt qu'elle aura terminé le peu qui lui reste à faire, la dite commission d'accord avec le bureau du Congrès, avec les principales sociétés et avec la presse spirite espagnole, adressera une circulaire aux centres spirites de l'univers pour leur indiquer la décision prise de tenir un autre Congrès international, au mois de septembre prochain, à Paris, les invitant à répondre à la convocation que leur feront nos frères de la capitale de France, afin que le Congrès de 1889 soit un autre grand évènement pour le Spiritisme.

EXTRAIT DU CATALOGUE DE LA LIBRAIRIE SPIRITE

1, Rue de Chabanais, Paris.

El Espiritismo ante le ciencia, par G. Delanne, traduite et publiée par la *Revista*, de Barcelone............................ 3 »
Rasena completo del Congreso............................ 1 »
Marietta, 5e édition............................ 2 50
Una defensa mai del Espiritismo............................ 1 50
Evvores del Positivismo, par Navarro Murillo............................ » 20
Supresion de presuquestis y subventiones oficicles à todos les cultos, etc., par Navarro Murillo............................ » 25
Veleidas, fullete publicad en Madrid, par D. P. Bianchi.
Amor, por Karidad, fullete publicad o Ravagore bulletin de propaganda publicals per la federacion *Le Solidaridad* de Zaragosa :
  La Confesion.
  La Casa del muerte.
  El pecado original.
Cuatro hiyas de propagande publicadas tambio, per *Le Solidaridad* :
  1e La vide future segun el Espiritismo.
  2e Fundamentos del Espiritismo.
  El Criterio Espitista, Madrid.
  Revista de Estudios Phiologicos, Bercelone.
  La Revelacion, Alicante.
  El Buen Sentido, Lérida.
  Le Luz del Cristianismo, Alcala le Real.
  Le Luz del Porvenir, Gracia (Barcelone).
  La Cavidad, Sante-Cruz de Ténérife.
  Pluralidad de existencias del Alma.
  Pluralidad de Mundos habitados.

Le Livre des Esprits (partie philosophique). — 1 vol. in-12, 33e édition, contenant les principes de la doctrine spirite sur l'immortalité de l'âme, la nature des Esprits et leurs rapports avec les hommes, les lois morales, la vie présente, la vie future, l'avenir de l'humanité selon l'enseignement donné par les Esprits à l'aide de divers médiums.

Le Livre des Médiums (partie expérimentale). — Guide des médiums et des évocateurs, contenant la théorie de tous les genres de manifestations, 20e édition.

L'Évangile selon le Spiritisme (partie morale) contenant l'explication des maximes morales du Christ, leur application et leur concordance avec le Spiritisme, 20ᵉ édition.

Le Ciel et l'Enfer, ou *la Justice divine selon le Spiritisme*, contenant de nombreux exemples sur la situation des Esprits dans le monde Spirituel et sur la terre. — 20ᵉ édition.

La Genèse, les Miracles et les Prédictions *selon le Spiritisme*. Partie scientifique qui est la synthèse des 4 premiers volumes et conséquemment l'une des plus importantes pour qui veut étudier. — 10ᵉ édition.

ABRÉGÉS

Qu'est-ce que le Spiritisme ? Introduction à la connaissance du Monde des Esprits. — 1 vol. in-12, 19ᵉ édition............	1 »
Le Spiritisme à sa plus simple expression.— 46 pages, 37ᵉ édition.	» 15
Résumé de la loi des Phénomènes spirites............	» 10
Caractères de la révélation spirite............	» 15
Revue spirite. — Journal bi-mensuel, numéro de 32 pages grand in-8. 10 fr. par an (32ᵉ année).	
Recueil de prières et de méditations spirites. — Relié.........	1 50
Guide pratique du médium guérisseur............	1 »
Bonnemère (Eugène). — L'âme et ses manifestations à travers l'histoire. — Lauréat du prix Guérin............	3 50
Rossi de Giustiniani. — Le Spiritualisme dans l'histoire. — Lauréat du prix Guérin, relié............	3 50
Stecki. — Le Spiritisme dans la Bible............	1 »
Crookes (William). — Recherches sur les phénomènes spirites et force psychique............	3 50
Bonnamy (Michel), juge d'instruction.— La raison du Spiritisme.	3 »
Bellemare, membre supérieur du gouvernement de l'Algérie. — Spirite et chrétien............	3 50
Roustaing, bâtonnier de l'ordre des avocats à Bordeaux. — Les quatre Évangiles suivis des commandements expliqués en esprits et en vérité par les évangélistes, 3 vol. in-12....	7 50
E. Cordurié, avocat. — Lettres à Marie sur le Spiritisme......	1 25
— Lettres aux paysans sur le Spiritisme........	1 »
Eugène Nus. — Les Grands Mystères............	3 50
— Choses de l'autre monde............	3 50
— Nos Bêtises............	3 50
— Dogmes nouveaux. — Poésies............	3 »
Lavater. — Ses lettres à l'impératrice Marie de Russie sur l'immortalité de l'âme............	» 50

Flammarion. — La pluralité des mondes habités............	3 50
Dr Gibier. — Le Spiritisme. — Fakirisme occidental.........	4 »
Guldenstubbé (Baron de). — La réalité des Esprits et le phénomène de leur écriture directe, avec figures très curieuses..	10 »
Guillet (J.-E.). — La Chute originelle selon le Spiritisme......	3 50
Hoolibus. — Histoire originale d'un autre monde.............	» 50
Jaubert, vice-président du tribunal de Carcassonne. Fables et poésies par l'esprit frappeur........................	2 »
Louise-Jeanne. — Causeries spirites.....................	2 50
Vallès (François), Inspecteur général des ponts et chaussées. — Conférences spirites; 3 vol...................	5
Cahagnet (Alphonse). — Thérapeutique magnétique..........	4 »
Christian. — La Magie. Grand in-8° de 668 pages, avec nombreuses gravures	15 »
Bourdin (Antoinette). — La Médiumnité au verre d'eau.......	3 »
Rochester. — 5 vol., œuvres médianiques obtenues à Saint-Pétersbourg, chaque volume	3 »
Dictées spirites, obtenues dans un groupe bisontin...........	1 »
Ram Baud (rédacteur du *Gaulois*). — Force psychique, étude sur le spiritisme................................	5 »
Tournier. — Le Spiritisme devant la raison	2 »
Victorien Sardou. — Trois dessins médianimiques très curieux.	6 »
H. Lacroix. — Mes Expériences avec les esprits	4 »

Et tous les ouvrages concernant le Spiritualisme, le Théosophisme, le Magnétisme, l'Hypnotisme, la Suggestion, etc.

Gabriel Delanne. — Le Spiritisme devant la Science, œuvre remarquable	3 50
L'Abbé Almignana. — Du somnambulisme, des tables parlantes et des médiums..................................	» 40
Allan Kardec (sous presse). — OEuvres posthumes. —	

Vient de paraître :

Rossi Pagnoni et Dr Moroni. — Quelques essais de médiumnité hypnotique.....................................	2 »
Mabel Collins. — The Blosson and the Frint, in-12, c. toile...	6 »
The principles of artrological geomancy, in-8, c. toile..........	3 »
H. S. Olcott. — Buddhist catechism, in-18, c. toile.........	1 80
Franz Hartmann. — The life of Jehoshua, in-18, c. toile......	9 »

Blavatsky. — The secret doctrine, tome I, Cosmogonis, in-8, c. toile. The secret doctrine, tome II Antropogénisen, in-8 à toile.....................................	52	50
Theosofical siftings. — T. P. S., tome I, in-8 c. toile........	9	»
Papus. — L'occultisme contemporain, brochure in-8........	1	»
— Le Sepher Jesirah, broch. gr. in-8.................	1	»
— Fabre d'Olivet et Saint-Yves d'Alveydre............	»	75
— Traité élémentaire de science occulte mettant chacun à même de comprendre et d'expliquer les théories et les symboles employés par les anciens, par les alchimistes, les francs-maçons, etc. 1 volume in-18 avec planches........................	3	50
— La Pierre philosophale, brochure in-18 avec une planche hors texte.................................	1	»
Le Tarot des bohémiens, 1 vol. in-8 raisin avec figures et planches hors texte (sous presse)...........	9	»
D'Anglemont. — Dieu et l'être universel 1 vol,..............	3	50
Laurent de Faget. — De l'atome au firmament.............	3	50

Paraîtra prochainement :

Œuvres posthumes d'Allan Kardec, avec sa biographie, le discours de Flammarion, et divers documents inédits	3	50
Les Grands initiés, in-8..................................	7	50

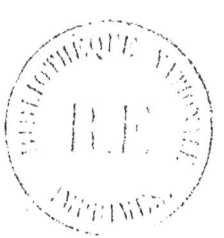

Paris — Typ. A. DAVY, 52, rue Madame.

CATALOGUE RECOMMANDÉ

REVUE SPIRITE
JOURNAL BI-MENSUEL D'ÉTUDES PSYCHOLOGIQUES
Fondé par **ALLAN-KARDEC**

32 pages grand in-8°, 10 fr. par an; Union postale, 12 fr.; Australie, 14 fr.
On s'abonne pour un An à partir du 1er janvier de chaque année.
Collection de la Revue Spirite depuis 1858, chaque année: 5 fr. 60, port payé
L'année qui précède, Année courante, prix : 10 fr.
pour l'Étranger, port en plus.

Reliure, 2 fr. 50 par volume

Le Livre des Esprits, 33e édition, in-12 br. : 3 fr. 50, cart.	4 50
Le Livre du Médium, 26e édition, in-12 br. : 3 fr. 50, cart.	4 50
L'Évangile selon le Spiritisme, 20e édit., in-12, br. : 3 fr. 50, cartonné.	4 50
Le Ciel et l'Enfer, 12e édit., in-12, br. : 3 fr. 50, cart...	4 50
La Genèse, les Miracles, 9e édit., in-12, br. : 3 fr. 50, cart.	4 50

ABRÉGÉS

Qu'est-ce que le Spiritisme ? in-12, 19e édit.	1 »
Spiritisme a sa plus simple expression, brochure	0 15
Résumé de la loi des phénomènes spirites, brochure	0 10
Caractères de la révélation spirite, brochure	0 15
Les Fluides spirites, brochure	0 25
Esquisses géologiques, brochure	0 25
Antoinette Bourdin, médiumnité au verre d'eau, in-12, broché	5 »
W. Crookes, Recherches sur la force psychique, in-12, broché	3 50
Cahagnet, Thérapeutique magnétique	5 »
Instructions pratiques, groupes spirites, broché, in-12	0 50
Louise Jeanne, Le Messie de Nazareth, in-12, broché	2 50
Louise Jeanne, Causeries spirites, in-12, broché	2 50
Le Spiritualisme dans l'histoire, par Rossi de Giustiniani	3 50
Eugène Nus, Choses de l'autre monde, in-12, broché	3 50
Eugène Nus, Les grands mystères, in-12, broché	3 50
L'Ame et ses manifestations dans l'histoire, par E. Bonnemère, relié	3 50
Dogmes nouveaux, in-12, broché	3 50

OUVRAGES RÉCEMMENT PARUS

Antoinette Bourdin, Pour les enfants, in-18, broché	2 25
Paul Grendel, La princesse Violette, fille du roi Bon Cœur, in-18, broché	2 »

NOUVEAUTÉ

Les Origines et les Fins, Cosmogonie sous la dictée de trois dualités différentes de l'espace, ouvrage très intéressant, in-12, broché	2 »

Paris. — Typ. A. DAVY, 52, rue Madame.

www.ingramcontent.com/pod-product-compliance
Lightning Source LLC
Chambersburg PA
CBHW060135100426
42744CB00007B/799